翻訳ってなんだろう？

あの名作を訳してみる

鴻巣友季子 Konosu Yukiko

JN259907

★——ちくまプリマー新書

301

目次 ＊ Contents

序章　翻訳ってなんだろう？

◆翻訳ってなんだろう？　読書、批評、体験

いきなりですが、翻訳とはどんなものでしょうか？

文芸翻訳の授業や講座でこう尋ねると、いろいろな答えが返ってきます。

「外国語を日本語に忠実に移し替えること」

もちろん、そのとおりですね。

「原文の意味だけではなく、ニュアンスやリズムなども日本語で表現する行為」

高度な回答ですが、そのとおりです、そこまで意識してのぞんでこそ翻訳と言えますね。

「原文に劣らない文学性や表現力をもつ日本語に仕上げること」

おっと、翻訳者への要求がどんどん高くなってきました。たしかに、「翻訳とは原文と等価であるにとどまらず、独創性や批評性、より高い芸術性をもつべし」という認識が、世界の文学界に広まっています。まったくもって、そうありたいものです。

いま右に挙げた回答はどれも、翻訳の主な作業は訳文を「書く」ことだと解釈しているよ

うです。しかし、みなさん、ひとつ忘れていないでしょうか？　訳文を書く前に、することがあります。そうです、原文を読むことです。じつは翻訳とは、「原文を読む」部分の重要性が八割か、九割ぐらいではないかと、わたしは思っています。一語一句を訳すには、一語一句を精読し、的確に解釈しなくてはなりません。

つまり、翻訳というのは大部分が「読むこと」であり、精密な読書、あるいは深い読書のことなのです。

研究者や評論者は作品を読んで、自分の論文なり批評なりを書きますが、翻訳者も原文を読みこんで解釈をします。翻訳とは一種の批評なのです。しかし翻訳者が書くのは、その作品の論評ではありません。作品そのものを書くのです。他者が書いた文章を読んでインプットするだけでなく、それを今度は自分の言葉でアウトプットする。原文の一語一句をあなたの読解と日本語を通して、まるごと書き直していくわけです。だから翻訳とは〝体を張った読書〟だと言えるでしょう。翻訳とはその作品の当事者、実践者になりながら読むこと。「批評が作品へのかぎりない接近だとすれば、翻訳はその作品を体験することである」と言ったのは、フランスの有名な翻訳学者アントワーヌ・ベルマンでした。この「他者の言葉を生きる」スリルは精読するだけでは味わえないものです。声優さんの仕事の楽しさと少し似ているかもしれません。

さらに言えば、作品のテクスト（書かれている文章とその内容）を、翻訳を通して「体感」することで、自分にとってよくわかる部分、わからない部分が、より明確に見えてくる効用もあると思います。原文や訳文を読んでいるとき、「なんだか妙な表現でひっかかる」とか「さっきとつじつまが合わない」などと思いながらも、読み進めることがありませんか？翻訳では、そうした箇所も飛ばすわけにはいかないので、そのわからなさをまじまじと見つめることになります。さらに、その英文を日本語という別な言語に移す行為を通すと、その作家の文体の癖が浮き彫りになったり、かくれた意図（皮肉、ジョーク、あるいは気遣い……）が現れてきたり、作中人物の意外な性格が露《あら》わになったりするでしょう。

わたしも『嵐が丘』や『風と共に去りぬ』『灯台へ』『アッシャー家の崩壊』を訳して＝体を張って読んでみて、初めて気づいたことがたくさんありました。

たとえて言えば、バレエダンサーの動きやそれが表現するものをつぶさに見て批評するのが舞踏評論家なら、バレエダンサーの動きやその奥にあるものをつぶさに見て読み解きながら、なおかつ一緒に踊るのが翻訳者です。ある優雅な姿勢をとるには、体のどこの筋がぴんと引っ張られるか、関節をどんなふうに曲げているか、腰のどのあたりに負荷がかかっているか、踊り手と同じではないにせよ、擬似体験をすることになります。水泳にたとえれば、スイマーの泳ぎの解説をしながら一緒に泳ぐようなものです。そんなことは、物理的に両立できないと思われるかもしれませんが、そのとおりです。両立できない無茶なことをやるのが、翻訳だとも言えます。

ですから、気を楽にして取り組みましょう！

◆英文和訳と翻訳の違いって？

では、英文和訳と翻訳の違いとはなんでしょうか？　翻訳の授業などで尋ねると、こんな答えが返ってきます。

「翻訳は、英文和訳のような単語レベルの置き換えではなく、文章の趣旨を読みやすく伝えるもの」

たしかに、英単語を辞書の中から機械的に選んだ日本語に置き換えただけでは用をなしませんね。他にはどんな違いがあるでしょう？　こんな答えもありました。

「翻訳は、特に小説だと全体の流れを見て、人称なども考慮しないといけない」

これは、人称代名詞の種類がずば抜けて多い日本語ならではの難問ですね。一人称だけでも、わたし、ぼく、おれ、わし、吾輩《わがはい》、おいら、あたし、あちき等々、方言《ほうげん》や古語《こご》も入れたら数えきれないぐらいの代名詞があります。

翻訳も英文和訳も、突き詰めればやるべきことは同じだとわたしは思うのですが、あえて「翻訳」ではなく「英文和訳」と呼ぶときには、学習要素が強く前面に出ている印象があります。どちらが上とか下とかいう問題ではなく、たんに目的が違うということが一つ。英文和訳というのは、たいてい授業や試験で行うものを指しますね。その目的とは、「自分の学習のため」あるいは、試験などで「習ったことをわたしはよく理解していますよ」と教師や採点者に明示するためです。あまり独創的なフリースタイルで訳すと、評価する側も困ることになるかもしれません。つまり、あなたと教師や採点者との間のやりとりですね。むこうはあなたの訳文を読みますが、「読者」というより、指導者や審査者です。ここには、不特定多数の読者は存在しないことになります。翻訳と英文和訳の二つめの違いは「読者の有無」です。

翻訳とは、もともとその原文の言葉が理解できない人たちのために存在するものですから、あらかじめ「読者＝他者の目」を想定した表現行為です。この世に存在する芸術的な表現行為には、詩や小説や絵画や音楽や舞踊などたくさんの分野と形態がありますが、多くは作り手の内的な要請、つまり内発的な表現欲求がベースになっています。

しかし翻訳はいくら芸術分野の翻訳でも、他者の需要と目があって初めて発生し存在しうる、というのが基本です。人と人の「仲立ち」が本分ですから、つねに「読者に伝える」ということを念頭におかなくてはなりません。言うなれば、サービス業ですね。自分がまず作品のことをわかっている必要がありますが、自分だけがわかっていてもだめなのです。

翻訳の目的は、あなたの知らない不特定多数の他者に訳文を届けること。

そして三つめの大きな違いは、読む人が原文を持っているかどうかです。翻訳書の一般読者は原文を傍らに置いて読んだりしません。つまり、原文抜きで、訳文だけで独立した表現として完結している必要があります。

原文を持っていない見知らぬ不特定多数の他者に言葉を届ける。これは思いのほかむずかしい行為です。

◆より良い翻訳をするために

では、より良い翻訳をするために大事なこととはなんでしょうか？「翻訳って結局は日本語の問題だよね」とか、「いちばん大事なのは、やっぱり日本語力でしょう」とよく言われます。そのため、「わたしは日本語の語彙が少ないので、良い訳文がつくれません」と悩む人も出てきます。

最初にも言いましたが、翻訳でいちばん重要なのはいかに読むかで、わたしは翻訳講座などでも、「日本語力」「文章センス」はそんなに求めません。翻訳でそういうものが役に立つとしたら、十割のうち最後の一割ぐらいのものでしょう。

では、なにが大事なのか？　というと、ひたすら語学力です。語学力といっても、TOEICスコアが何点というようなものだけではありません。原文の意味と意図をくみとる力です。単語をたくさん知っているとか、文法をよくわかっているとか、そうした能力はもちろん大切ですが、それだけではなく、異文化に対する知識、もっと重要なのは興味。また、わからないことが出てきたときのリサーチ力、もっと重要なのは調べようとする地道さ。どれだけ地味な作業ができるか、です。先ほどから言っているように、翻訳作業の九割がたは、「読む」作業なのです。翻訳には「正解の訳文」というものはありませんが、「的確な訳文」

というのは存在します。的確な翻訳をするには、まず的確に読む必要がある。良い翻訳者になるには、良い読者になる必要がある。逆に言えば、よく読めれば、自然とよく訳せます。

◆能動的に読むということ

翻訳者も読者のひとりですが、ふつうの読者と違うのは、次の読者に作品を手渡す仕事があるということですね。今風に言うと、その本の「エンドユーザー」ではないということです。訳者が読み取ったものをよりよく次の読み手に伝えるには、どんな点に留意したらいいでしょうか。

日本には「翻訳者黒子《くろこ》神話」というのが根強くあります。あるいは、翻訳者は空っぽの「導管《ダクト》」のようなもので、なにも考えずにその中に原文を通すのが理想である、といった言い方をしますが、これは一種、翻訳者のあこがれの境地を表現した幻のゴールなのです。たしかに翻訳に熟練してくると、「原文の会話が日本語で聞こえてくる」という域《ゾーン》に達したり、無意識のうちに訳文が出てくる気がしたりしますが、これも錯覚です。当然ながら、訳文の一語一句は自分の脳が考えだしたものです。あなたという「思考する主体」なしには、訳文が書かれるはずがないのです。

ただ、仲介者の存在をあまり感じさせない翻訳を目指して努力することは可能です。翻訳者はかたよった主観を排して作業することが望ましいのですが、「訳者が前面に出ないこと」イコール「主体性を捨てること」「思考停止すること」ではありません。かたよった主観をなくして、忠実に翻訳するためにも、能動的に読むこと、原文にコミットする必要があります。受動的に読み、機械的に文字移植をするような翻訳では、読者になにも伝わりません。忠実な翻訳を実現するには、むしろ訳者が原文と能動的に関わっていく必要があります。

たとえば、先ほども挙げた人称の問題、言葉遊び、微妙な語調の変化、アイロニーや、原文にふくまれている暗示など、原文が出している「サイン」を読みとる力が必要です。

そうした丹念な「読み」から良い訳文は作られます。

◆〝翻訳読書〟のすすめ

本書『翻訳ってなんだろう?――あの名作を訳してみる』は、わたしが過去に行った翻訳の授業や講座をもとに書き下ろされています。が、「上手な訳文が書ける」ことを目指すものではありません。日本語の流麗さや文飾的なテクニックはあまり要求していません。いちばんの目当ては、翻訳の魅力を実際に体験してもらうことです。（その過程でちょっと英語力もアップできるといいな、という下心もありますが）。

文学作品をじっくり読んで、読書会をやったり、研究したりすることでも興味や楽しみは深まりますが、本書で導入するのは、「自分で翻訳してみる」という方法です。「英文和訳」をしながら読むのを「訳読《やくどく》」と言い、近年は英語教育の現場では多用されなくなっているようですが、この「訳読」に対して、本書で進めていく読書法は「翻訳読書《ほんやくどくしょ》」と名付けてみましょう。

なぜ自分で訳すと、楽しみが増すのか？　面倒で、苦しいだけではないか？　そう、たしかに大変です。しかし苦心するなかに醍醐味《だいごみ》があるとも言えます。よく言われる効果的な勉強法のひとつとして、「人に教えてみる」というものがあります。そうすると、自分が実はわかっていない部分が露わになり、また他人に間違いなく伝えるための工夫もするので理解が深まる、という効能です。本書における「翻訳読書」にもそれと似たところがあるかもしれません。原文の読み方、ものの見方、大げさに言えば思考方法に多少の変革をみずから起こしていただくのが、本書のもうひとつの目的でもあります。

本書では、「翻訳読書」の魅力を最大限に体験していただけるよう、よく知られた十作の古典名作を精選しました。

以下、簡単に説明しておきます。

第一章、モンゴメリ『赤毛のアン』。一九〇八年に発表された児童文学の名作です。しかし、主人公アンの使う言葉をよく読んでみると、そこには子どもが使うには難しい言葉が使われており、それが本作の人物造形の特徴をよく表しています。それを訳すことで、アンの心の屈折や苦悩、自尊心が感じ取れます。

第二章、ルイス・キャロル『不思議の国のアリス』。イギリスの数学者によって一八六五年に刊行された小説。翻訳がむずかしい「言葉遊び」が大量に出てくるのが特徴ですが、その「言葉遊び」を、意味と音とのどちらを優先するか迷いながら訳してみることで、「翻訳する」とは本質的にどういう行為なのかを、浮き彫りにできればと思います。

第三章、エミリー・ブロンテ『嵐が丘』。一八四七年刊の小説です。世紀の恋愛小説という固定イメージのあるこの名作を、敢えて人称代名詞を替えて翻訳してみることで、作品の世界ががらっと様変わりする過程を見てみましょう。

第四章、エドガー・アラン・ポー「アッシャー家の崩壊」。一八三九年に発表されたポーの代表作で、ゴシック小説の傑作です。一文がとても長く、読みづらい文章が特徴の本作ですが、その〝まわりくどさ〟に付き合ってください。その文章をていねいにひも解くことで、ポーの文体がなぜこうも不気味な雰囲気を描出しえるのか、その秘密がわかります。つまり、翻訳することで、ポーの文章の〝怖さの源泉〟が見えてくるのです。

第五章、サリンジャー『ライ麦畑でつかまえて』。一九五一年に発表され、青春小説の古典として世界中で読み継がれている名作です。若者の口語体で書かれているのですが、小さな「口癖」が沢山でてきます。それを無視せずに訳すことで、主人公の少年の心の歪《ゆが》みや陰りを繊細に読みとり、人の精神の微妙なバランスを言葉で体験できればと思います。

第六章、ジョージ・バーナード・ショー『ピグマリオン』。一九一二年に完成し、翌年ウィーンで初演された戯曲です。イギリスの階級社会を風刺し、女性の自立を扱った作品と言われています。言葉を矯正された花売り娘のイライザが完璧すぎる英語を話す本作では、その「不自然な英語」を読みこむことで、彼女の成長と喪失の哀しみを体験することになります。

第七章、ヴァージニア・ウルフ『灯台へ』。一九二七年に刊行された本作は、その前衛的な文体から、モダニズム文学を代表する作品とされています。ある人物の視点から描かれたと思ったら、今度は別の人物の視点に移ります。ウルフの前衛的な文体を、ここでは「毛糸の色」がどう見えるかという微細な変化に着目することで、体験してみましょう。

第八章、ジェイン・オースティン『高慢と偏見』。一八一三年に刊行された長編小説で「結婚小説」の名作とされていますが、当時のイギリスの厳しい階級制度を反映し、登場人物たちの階級や経済的な格差がいたるところで、細かく、ちょっと意地悪に、描かれています。その独特の呼称やルールを知ることで、互いに対する憧れや嫉妬、登場人物たちの胸の内が立体的に浮かび上がってきます。

第九章、グレアム・グリーン『情事の終り』。一九五一年に刊行された小説です。三角関係、嫉妬といったスキャンダラスな内容を含む本書ですが、グリーンの書く絶妙な間合いの会話をきめ細かく読み解いていくと、一人の女性を巡る男たちの心理戦が痛いほど伝わってきます。

第十章、マーガレット・ミッチェル『風と共に去りぬ』。一九三六年刊行の本作では、南北戦争の終結と共に、アメリカ南部の白人富裕層が没落していく過程を描いています。主人公のスカーレット・オハラが苦難の時代を強く生き抜くさまが共感を呼び、大ベストセラーとなりました。

本作は、語り手がスカーレットに寄り添ったり、批判したり、実は非常に高度な手法が用いられています。その語り手と登場人物との距離感をうまく訳すことで、本作の映しだす豊かな起伏を感じ、主人公の孤独、強さともろさ、滑稽さ、心の虚ろさ等、多様な魅力に触れることができます。

ちなみに、翻訳学習のレベルでいえば、アドバンスト・ビギナー（初中級）から中級にかかるぐらいを想定しました。とはいえ、翻訳というのは、初歩に最も重要なエッセンスがつまっていますので、なおざりにはできない部分だと思います。

さあ、これからの十章で、一緒に「翻訳読書」を体験してみましょう。

第一章　モンゴメリ『赤毛のアン』
――「小難しい言葉」を訳すと、「アンの屈折」がわかる

◆あらすじ

アン・シャーリーは幼くして両親を熱病で亡くし、みなしごになった。シャーリー家で女中をしていたトマスおばさんの家に引き取られて、こき使われ、家の主人が事故死すると、次にはハモンド家のやっかいになる。しかしまたもや主人が死去して、孤児院へ。こうしてたらい回しにされたアンは、男の子の養子を求めていたマシュウ&マリラ・カスバート家に、間違って引き取られ、十一歳にしてようやく人間らしい家庭環境を得る。想像力と独創性に富み、しかしマナーや常識を知らないアンは、いたるところで騒動を巻き起こす。自分の赤毛がいやでたまらず、それをからかってきたクラスメイトのギルバートとは犬猿の仲になるが、やがて優秀なふたりは互いの実力を認めあい、異性として気になる存在になっていく。

◆指示文

本章では、アンがのちの大親友ダイアナに初めて会う前の場面を訳してみましょう。出会いへの期待感のなかに、作中にはほとんど出てこない、アンがカスバート家に来る前の養家《ようか》のようすが短く語られている重要な場面でもあります。原文が出しているさまざまな「サイン」をていねいにキャッチする必要があります。

少女のちょっと背伸びをした言葉づかいを生かしながら、きらめく夢とおごそかな不安を抱くアンの人物像を訳出しましょう。

『赤毛のアン』課題文

“Oh, I'm so glad she's pretty. Next to being beautiful oneself—and that's impossible in my case—it would be best to have a beautiful bosom friend. When I lived with Mrs. Thomas she had a bookcase in her sitting room with glass doors. There weren't any books in it; Mrs. Thomas kept her best china and her preserves there—when she had any preserves to keep. One of the doors was broken. Mr. Thomas smashed it one night when he was slightly intoxicated. But the other was whole and I used to pretend that my reflection in it was another little girl who lived in it. I called her Katie Maurice, and we were very intimate. I used to talk to her by the hour, especially on Sunday, and tell her everything. Katie was the comfort and consolation of my life.

（第八章より）

◆デコボコを均しすぎない

序章にも書きましたが、原文はいろいろなサインを出しています。たとえば、原文で言葉つきがだんだんドラマチックで悲愴《ひそう》になっていれば、そういう風に盛り上げて訳していく必要があります。ただ、ここが大事なのですが、悲愴な言葉づかい＝悲劇ではないということです。じつは作品全体から見たら、そんな荘厳な語り口は滑稽で喜劇的だったりします。第五章で扱う『ライ麦畑でつかまえて』のようなくだけた話し言葉のなかに、突然、"To be, or not to be, that is the question"（「生きるべきか死ぬべきか、それが問題である」）などとシェイクスピアばりの台詞が出てきたら、そのギャップにおかしさがある。だから、訳文も調子っぱずれであるべきですね。翻訳技術が上達してきた人は、読みにくさを指摘されることを恐れて、このような箇所もきれいに均《なら》して訳しがちです。肌理《きめ》のそろった「なめらかな訳文」に仕上げたくなるところで、ちょっと立ち止まってほしいのです。

では、小さな部分に見え隠れする複雑なアンの心情を探っていきましょう。「女子をこじらせる」という言い方がありますが、アン・シャーリーこそ、百年余り前の「こじらせ女子」と言えるかもしれません。

まず、**bosom friend** という語が目を引きます。翻訳家・村岡花子《むらおかはなこ》の生涯を描いた朝の連続テレビ小説「花子とアン」(二〇一四年)でも、このbosom friendはヒロインふたりの関係を表すキーワードになっていました。ある翻訳講座では、こんな訳例がありました。

ああ、ダイアナがきれいな子でよかったな。自分が美人にはなれないから、二番目にいいのは、美人で仲良しのお友だちがいることよね。

「仲良しのお友だち」というのは、十一歳の女の子にふさわしい言葉ですね。それを意識して訳されたのだと思います。

でも、ちょっと待ってください。

みなさんはbosom friendという英語表現をしょっちゅう見かけたり、自分でよく使ったりしますか? bosomは「胸」という意味ですね。現代では特に「女性のバスト」も意味します。

語源辞典によれば、bosom friendという言い回しは、一五八〇年代から「親友」という意味で使われており、歴史の長い、昔ながらの表現と言えます。いま聞くとだいぶ古めかしいですね。まず、bosomという語が、『赤毛のアン』の書かれた二十世紀の初頭にしても、

breast, chest, bust などに比べると、古風な印象があります。(bosom はもともと西ゲルマン語からきた単語で、「胸部、子宮、表面、船倉」などを意味した)。ですから、その後の大正時代に翻訳家の村岡花子が「腹心《ふくしん》の友」と訳したのは、よくニュアンスを伝えていると思います。

幼くして突然、両親を亡くし、あちこちでお荷物扱いされてきたアンはじつに孤独で、愛情や友情というものに餓《う》え、痛切にそしておずおずとそれらに憧れていました。そうした期待と恐れの入り交じるなか、同性の「親友」をもつということには、きらきらと輝く宝物にふれるような、格別の憧憬があったことでしょう。close friend や best friend ではなく、このような文学的な表現を使っていることからも、その特別な気持ちがうかがい知れます。

ですから、ここはアンの希望と不安に震えるような心持ちをそっと表現したいですね。心の友、腹心の友、胸襟《きょうきん》を開《ひら》ける友だち、いろいろな訳し方があると思います。重要なのは、アンが子どもだからといって、訳語を幼げな表現に変える必要はないということです。ここでアンはアンらしく、ちょっと大人びた言葉づかいをしてみせているのですから。

◆飲んだくれ？ ほろ酔い？——アンの過去がのぞく言葉

そうしたことは、以下のトマス家の記述にも言えることです。見てみましょう。ガラス扉

つきの本棚が出てきますね。どんな使い方をしていたかというと、

本棚だけど本なんか一冊も入ってなくて、おばさんはいっとう良い食器と、作り置きのジャムがあれば、それもそこにしまってた。

本を持たない家のようで、本棚を食器棚のように使っています。そのガラスの一枚が割れたままになっている様子からしても、貧しくて、いささか荒れた生活ぶりがうかがえます。次に、smashという動詞が出てきますね。たとえば、こういうニュアンスの異なる訳文に出会います。

a：ある晩、トマスさんがちょっとお酒に酔ってぶつかって割ってしまったんです。
b：あるとき、トマスさんの旦那さんが飲んだくれて粉々に壊しちゃった。

同じ原文から、だいぶ意味合いの違う訳文ができました。ちょっと酔いが回ってぶつかったのか、大酒を飲んで暴れたのか？

トマスおじさんの酔っ払い具合が二つの訳文ではずいぶん違いますね。原文は slightly intoxicated です。べろんべろんに酔っているようには読めないのですが、「飲んだくれて」や「泥酔して」という訳語がちらほら見受けられました。なぜだか不思議に思いましたが、もしかしたら、かつて日本で放映されて人気だった「こんにちは、アン」という、アンがカスバート家に来る前の生活を描いたアニメの影響もあるのかもしれません。これは『赤毛のアン』の原作発表から百周年の二〇〇八年に、アン・シリーズの外伝の形で、バッジ・ウィルソンというカナダの作家が発表した小説を原作にしています（『こんにちは、アン』宇佐川晶子訳、新潮文庫、二〇〇八年）。

このアニメでは、トマスおじさんは酒びたりの暴力男として描かれていたため、そんなイメージが広まったのかもしれませんが、少なくともモンゴメリの書いた『赤毛のアン』には、そこまで具体的な描写はありません。たしかにおじさんはよく酒を飲んで酔っ払い、ときにはアンにひどい言葉を投げつけたことがうかがい知れるくだりがありますし、アンへの虐待を暗示する記述も見られます。しかし翻訳者にとって大事なのは、言葉の裏にひそむ真実をあばくことではなく、まずはこのときのアンがどのように語っているかを忠実に写しとることなのです。

slightly intoxicated ですから、「ほんのり」「かすかに」ということですね。intoxicated は「酔った状態」を表します。お酒や薬物であれ、あるいは恋愛感情であれ、なにかにあてられてぼうっとなっている状態です。この表現から暴力性や悪質さは感じとれません。お酒に酔ったことを表す最も一般的な単語は drunk でしょう。それから、ほろ酔いなら、tipsy などもありますし、intoxicated はもともと「毒を盛る」という意味の中世ラテン語に由来する単語です。英語のなかでもラテン語に由来する単語はだいたい観念的、抽象的な語で、少々上等な響きがあります。アンの台詞とするなら、「ちょっと酩酊したっていうか」という感じでしょうか。いずれにしろ、「ほろ酔い」「一杯機嫌《いっぱいきげん》」「ちょっと出来上がって」ぐらいの状態です。

ここでアンがトマスおじさんを「ガラスをぶち割る飲んだくれの暴力おやじ」として表現する気なら、slightly intoxicated という品の良い表現は出てこないはずです。terribly drunk など他に言い方があるでしょう。繰り返しますが、翻訳者にとって大事なのは、そこに書かれていないおじさんの実像を引きだすことではなく、登場人物または語り手が提示しているおじさんの像を読者にそのまま伝えることです。

もろもろのほのめかしから推測するに、おそらくトマスおじさんは酒癖がわるく、アンを虐待していたのでしょう。それでも、アンはそれを露骨に見せようとしません。そこが重要ですね。他の箇所では、マリラにトマス家での待遇について問われ、「せいいっぱい親切にしてくれようとしてました」と、しどろもどろに答えています。養家の人々をかばっているのか、自分がおかれてきた悲惨な環境を知られるのを恥じているのか、憐《あわ》れまれることに耐えられないのか、いずれにしても、十一歳の子が口にするこのslightly intoxicatedには、彼女の自尊心や複雑な心情が表れているように思います。小さなサインですが、目に留めたいところです。

◆ぶち壊したのか？　割ってしまったのか？

smashという語の訳し方にも気をつかいたいですね。というのも、break, crush, drop, hit, kickなどと同じで、わざと叩《たた》いたり壊したり落としたりしたのか、うっかりの過失なのか、一文だけ読んでもわからない。トマスさんが故意に叩き割ったのか、ぶつかった拍子に割れてしまったのか、前後の文脈で判断することになります（文脈依存のテクストと言います）。前段で書いてきたとおり、トマスおじさんの実態はわかりませんが、この場でのアンは、おじさんが「ガラスをぶっ壊した」などと、暴力を明示する言い方はしないのではないでしょうか。

「ちょっと酔いがまわって、ガラスを粉々に割っちゃって」

ぐらいでしょうか。

第二のポイントは、smashを日本語の一語でいうのは、意外とむずかしいということです。smashは、何かが何かに「はやい速度で」「衝突して」「粉々になるぐらい」「損なう」ということを一語で表しています。語感からしても、のったりとではなくスピード感があり、ぽきんと折れるのではなく砕ける感じです。

◆ムズカシイ言葉はかみ砕かなくていい（こともある）

最後に、the comfort and consolationをどう訳すか、考えましょう。

例えば、講座ではこんな訳文がありました。


「ケイティは私の人生をとても心地の良いものにしてくれた」

「ケイティは私の人生の楽しみで、慰めだった」

「ケイティは私の人生にとって安らぎと慰めだったの」

このなかで一番易しく訳しているのは、一番目の訳文ですね。どうしてこう訳したか聞いてみると、「二つの単語をただ並べて訳すと堅くなってしまうので、アンの言葉らしくひとつにまとめました」とのこと。

さて、このときアンは何歳でしたか。十一歳ですね。ませた口をきく子ですが、彼女のおしゃべりのなかでも、the comfort and consolation はいささか気張った表現です。二語ともラテン語からフランス語を経由して英語に入ってきた単語です。また、接頭辞が com- と con- で、韻を踏んでいる点にも注目しましょう。これは頭韻（アリタレーション）といい、英語ではとても詩的な効果を発揮するものです（そう、押韻というのは語調を表すひとつの「サイン」ですね）。日本語で頭韻をやると、やや滑稽な感じになりがちなので訳すのがむずかしいのですが。オースティンの『高慢と偏見』の原題 *Pride and Prejudice* なども頭韻の例ですが、邦題では、「まん」と「けん」と、最後の音で韻を踏む脚韻に替えていますね。ともあれ、the comfort and consolation は、詩的でちょっと格調高い表現。ちなみに、本作の終盤でマリラがこれに呼応するようなことを口にします。

I love you as dear as if you were my own flesh and blood and you've been my joy and comfort ever since you came to Green Gables.

むしろ、大人のマリラの方が、joy という易しい単語を使っていますね。「あなたはずっと私の安らぎであり喜びだった」ということです。The comfort and consolation という表現を見て、

「子どもが覚えた言葉を得意げに使ってみている感じがします」

と答えた受講生がいましたが、そうですね。小さな部分ですが、定冠詞の the にも目を向けてください。the は comfort の前にあって、consolation の前にはありません。ということは、この二単語でひとまとまりということです。The rise and fall（栄枯盛衰）など、こういう用法例はたくさんあります。また、聖書の詩編《しへん》一一九編五〇節には、こんなくだりがあります。

（直訳をつけておきました。）

This is my comfort and consolation in my affliction: that Your word has revived me and given me life.

苦悩のさなかでさえ、これがわたしの安らぎとなぐさめとなっている。主《しゅ》の御《み》言葉《ことば》がわたしを生き返らせ息吹《いぶき》を与えてくださることが。

the comfort and consolation というのは熟語というほどではありませんが、ある程度、決まった言い回しでしょう。アンも聖書かなにかで覚えたのだろうと思います。易しくかみ砕いて訳しても良いのですが、読みやすさと引き換えに、独特のニュアンスを失ってしまいますね。

さて、この部分、わたしはこう訳してみました。

その子の名前はケイティ・モーリス。私たちはとっても仲良しで、日曜日には特に何時間でもおしゃべりをして、私、その子にはなんでも打ち明けた。ケイティはわが人生の安らぎであり慰めだったたってわけ。

聞きかじりの文言《もんごん》をちょっと意識している感じ。アンの頭のなかでは、言葉に出さずとも、まさに詩編の「苦悩のさなかにあってさえ」「わたしを生き返らせ」という言葉が響いていたかもしれません。ずばり詩編からの引用でないにしても、the comfort and consolation が必要なところには、必ず苦悩や苦しみがあるものです。この言い回しからも、明るく元気なだけではないアンの屈折が感じとれるかと思います。

第二章　ルイス・キャロル『不思議の国のアリス』

――「言葉遊び」を訳すと、「アリスのとまどい」がわかる

◆あらすじ

川べりで、アリスは姉のデリラが読んでいる本を肩越しにのぞきこみ、「絵のないご本なんて、どこが面白いんだろう」と思っていた。そこへ、チョッキを着た白うさぎが、「たいへんだ、たいへんだ」と言いながら走り過ぎていく。穴に跳びこんだウサギを追って、アリスも穴の中へ。下へ下へと落ちていく。

落ちた先は、不思議の国だった。チェシャ猫、三月うさぎ、気狂い帽子屋、ハンプティダンプティ、ウミガメもどき、トランプの女王など、アリスはつぎつぎと奇妙きてれつな生物に出会い、おかしな謎かけや問答を吹っ掛けられ、騒動に巻き込まれることになる。

ある咎《とが》を着せられ、女王に処刑されそうになったアリスはあわやというところで、目が覚める。すべては、まどろみのなかで見た夢だったのだ。

◆指示文A

おかしなウサギを追って穴に落ち、「不思議の国」にやってきたアリス。第六章「Pig and Pepper」では、にやにや笑うチェシャ猫と出会い、奇妙な問いかけをされます。『不思議の国のアリス』は言葉遊びの宝庫です。字句を忠実に日本語に移すだけでなく、ダジャレや言葉遊びに気づき、そのおもしろさを伝えようと工夫することが肝心です。ときには、原文の言葉の意味や形式を思い切って離れてみましょう。

◆指示文B

「A Mad Tea-Party」では、アリスはマッド・ハッター（気狂い帽子屋）のマッドなお茶会に呼ばれました。ここでもまた変てこな問答に巻き込まれてしまいます。お茶会の面々は意味の通らないこと、論理的に無理なことを口々に言っていますが、そういう箇所はその「わけのわからなさ」が明瞭にわかるように訳してください。では、どうぞ！

『不思議の国のアリス』課題文A

Alice waited a little, half expecting to see it again, but it did not appear, and after a minute or two she walked on in the direction in which the March Hare was said to live. 'I've seen hatters before,' she said to herself: 'the March Hare will be much the most interesting, and perhaps as this is May, it won't be raving mad—at least not so mad as it was in March.' As she said this, she looked up, and there was the Cat again, sitting on a branch of a tree.

'Did you say "pig", or "fig"?' said the Cat.

'I said "pig",' replied Alice; 'and I wish you wouldn't keep appearing and vanishing so suddenly: you make one quite giddy!'

'All right,' said the Cat; and this time it vanished quite slowly, beginning with the end of the tail, and ending with the grin, which remained some time after the rest of it had gone.

'Well! I've often seen a cat without a grin,' thought Alice; 'but a grin without a cat! It's the most curious thing I ever saw in all my life!'

(第六章より)

『不思議の国のアリス』課題文B

'Come, we shall have some fun now!' thought Alice. 'I'm glad they've begun asking riddles. —I believe I can guess that,' she added aloud.

'Do you mean that you think you can find out the answer to it?' said the March Hare.

'Exactly so,' said Alice.

'Then you should say what you mean,' the March Hare went on.

'I do,' Alice hastily replied; 'at least—at least I mean what I say—that's the same thing, you know.'

'Not the same thing a bit!' said the Hatter. 'Why, you might just as well say that "I see what I eat" is the same thing as "I eat what I see"!'

'You might just as well say,' added the March Hare, 'that "I like what I get" is the same thing as "I get what I like"!'

'You might just as well say,' added the Dormouse, which seemed to be talking in its sleep, 'that "I breathe when I sleep" is the same thing as "I sleep when I breathe"!'

（第七章より）

◆とまどいを訳す――アリスはチェシャ猫に会いたいの？

まずは、課題文Aから見てみます。チェシャ猫がふたたび出てくるところですが、このような訳文がよくあります。

a：アリスは猫をもう一度見ることを、半分期待しながら少しだけ待った。しかし、猫は現れなかった。

b：アリスはもう一度会えるんじゃないかと思い、少し待ちましたが、結局出てきませんでした。

ここでは言葉遊びはないですが、half expectedがちょっと曲者《くせもの》です。右に挙げたふたつの訳文は、どちらも、チェシャ猫に出てきてほしい、会いたいというように読めますね。翻訳講座では、「怖いもの見たさで、出てきてほしいのかなと思いました」という人もいました。でも、少し後の方を読むと、アリスはチェシャ猫に、「急に出たり引っ込んだりしないでくれる？」と言っています。彼女の気持ちとしては、ワンダーランドの人たちは、へんてこで面白いことは面白いんだけど、とまどっていますよね。とまどいを訳すのが『アリス』を訳すことだとも言えます。

expect の意味をもう一度確認しましょう。反射的に「期待する」と訳してしまう人がたいへん多いのです。たとえば、夕暮れどきに墓地を歩いていて、なにか後ろから物音が聞こえる気がする。だ、だれかいるんじゃないの？ と恐る恐る振り向く。こんなのも、half expect です。ポジティヴな気持ちとは限らない。期待というより、「予期」ですね。場合によっては、「なかば覚悟しながら」とか、「ちょっとかまえながら」でもいいかもしれません。『アリス』のこの場面では、「どうせ、またあのへんな猫が出てくるんじゃないかと思って」という感じです。half expect であれば、「なんとなく、あの猫がまたあらわれる気がして」ぐらいでしょうか。アリスも会いたいような会いたくないような、どっち付かずで、とまどっているようですね。

◆帽子屋とウサギが狂っているわけ

課題文Aの mad の訳語ですが、翻訳講座では、「浮かれている」「狂っている」「むちゃくちゃやる」などがありました。『アリス』では、hatter も hare も mad だと表現されていますが、どうしてそう言われるのでしょうか？

as mad as a hatterという常套句《じょうとうく》があります。かつて、帽子を作るフェルトを固くするために水銀を使っていたんですね。それによって水銀中毒を起こして言動に影響が出るという俗説がありました。最初は手が震えるようになり、それをhatter's shakesという。要は職業病ですよね。現在だったら労災ものです。そのうち脳が冒されて人格が変わったり視覚や言語に障害が出ると言われました。そういうわけで、as mad as a hatterという言い方があったわけです。

もう一つ、as mad as a March Hare。三月のウサギみたいにmadだと書かれていますが、こちらはウサギの発情期を指しています。春先、三月ごろですね。ですから、perhaps as this is May, it won't be raving mad—at least not so mad as it was in March. は、いまは五月だから、発情期の三月ほどraving madじゃないはずだわ、となります。ravingは「荒れ狂う」「すさまじい」という意味ですね。raveという動詞から来ています。「(狂っているという)帽子屋さんには会ったことがあるけど、三月うさぎとなると、もう最高に面白いんでしょうね！　いまは五月だから、さかりがつく三月ほどトチ狂ってないでしょうし」となります。

三月ウサギという面白そうな生き物を見てみたい、と興味をひかれながら、ちょっと不安でもあり、でもいまは五月だからそんなにむちゃくちゃなことにはならないはずよ、と自分を安心させようとしてもいるようです。

◆pig と fig のダジャレをどう訳す？

さて、次はまた言葉遊びです。アリスが見上げると、猫がまた現れ、木の枝に座っている。Did you say "pig" or "fig"? と問いかけます。韻を踏んだ言葉遊びですね。なんと訳しましょうか。講座では、このような訳例がありました。


「豚って言ったの？　蓋って言ったの？」

「豚って言ったの？　札って言ったの？」

「豚と言ったかな？　葡萄《ぶどう》と言ったかな？」

「ブタと言ったのか？　ブッダと言ったのか？」


三つ目の訳は、同じくだものでも、fig（イチジク）を葡萄に替えて、頭の音を「ぶ」でそろえたのですね。おもしろいと思います。後出の「幕間」という章でもくわしく扱いますが、意味を離れることで、笑いの核心をすくいとるという戦法です。ナイストライですね。

四番目はさらに深遠な訳です。ブタと仏陀《ブッダ》、音が似ていて、おかしみがあります。でも、fig と仏陀は関係ないのでは？　いえいえ、お釈迦《しやか》さまがその木の下で悟りを開いたという、菩提樹《ぼだいじゆ》はイチジク属の一種なのですね。それを意識したのでしょうか。読者に伝わるか微妙なところですが、やはり健闘を称えたいと思います。

ともかく、ここの地口は、問いかけに唐突感がないと面白くありません。アリスに、「えっ、またなにを言ってるの？」とあきれさせるような訳文に仕上げてください。

◆軽く予想を裏切る

It's the most curious thing I ever saw in my life.

最後の部分ですが、「猫なしのにやにや笑いなんて、こんな変なものは初めて見たわ」ということですね。

翻訳講座で、「自分が見たテキストでは、It's the most curious thing I ever say in my life. となっていたんですが？」という質問がありました。もしかしたら、そういう異本（つづり等の細部が異なる版）もあるのかもしれませんね。キャロルは通常の言葉づかいでは書きませんので、原典解釈が分かれることはあると思います。仮に saw ではなく say だとしたら、軽い違和感は訳出したほうがいいと思います。その前で、Well, I've often seen a cat without a grin. と言った後に say が出てきて、予測変換を裏切ることになります。

ここが say だとすると、アリスのどんな気持ちが読みとれますか?

「なんだか変なことを口にしてしまって、自分で驚いている感じ?」

という答えがありました。そうですね。「自分で驚いている」というのは、良い「読み」だと思います。「にやにや笑いなしの猫はよく見るけど、猫なしのにやにや笑いなんて」と口にしてみて初めて、なんて変なんだろうとつくづく実感したということになるでしょう。われながら、変なこと言ったわ、変よね、これって、と。現在形ですので、「これまで口にしたなかで最高に奇妙」ではなく、「後にも先にも」といったニュアンスになるかと思います。

◆混乱させつつ面白がらせる

『アリス』のへんてこ論理学の面白さは、常識では明らかに「おかしい」「理不尽だ」とわかっているのに論破できないところにあります。課題文Bの次の問答もそうですね。

ぼうし屋はそう聞くと、目を大きく見ひらきましたが、「大ガラスと書き机《づくえ》のきょうつうてんは、なーんだ？」とだけ、とうとつに言いました。「おっと、楽しくなってきた！」アリスはそう思いました。「よかった、なぞなぞが始まったみたい。いいわ、当ててみせましょうか」アリスはぼうし屋の問いかけにおうじました。
「それは、しつもんの答がわかると思うって意味かい？」三月うさぎが言いました。

ここからまたすごくややこしい言葉遊びですね。何がなんだかわからなくなります。でも、そうするのが作者の狙いなので、それでいいのです。ただし、読者はアリスと一緒に何がなんだかわからなくなって楽しめば、それでいいのですが、翻訳者は「わけのわからなさ」の意図をつかみ、うまく再現する必要があります。字面どおりにを訳すと、このようになりますね。

「君は答えを見つけられるってことかい？」三月うさぎが言いました。
「そのとおりです」アリスが言った。
「それではどういう意味か言うべきだね」三月うさぎが続けた。

「そうしています」アリスは急いで答えた。「少なくとも、少なくとも、言っていることを思っているわ。つまり同じことね」

どこで笑えばいいのかちょっとわかりづらいですね。読者を混乱させつつ、でも面白がらせないとなりません。この訳文だと、読み手はたんに何を言いたいのかわからず、スルーしてしまいます。

まず、say と mean が焦点ですよね。Do you mean that you think you can find out the answer to it?「じゃあ、答えがわかると思うって意味なんだね」と聞いたら、アリスは「その通りよ」と。「だったらそういう言い方をしろよ（意味したとおりに言えよ）」と、三月うさぎが言う。するとアリスが「言ってるじゃない」と、言下《ごんか》に返す。「だって少なくとも、言った通りのことは意味しているわよ」、と。少しむずかしいですが、論理学、言語学で言う、シニフィアン（意味を表すもの）とシニフィエ（意味された内容）という概念がベースにあるのでしょう。

「だって、その二つは同じでしょ」とアリスが論理学的に正しいことを言ったら、ぼうし屋は「Not the same thing a bit!」（ぜんぜん違う！）と言って怒りましたね。

その次に出てくるseeは超基礎単語ですが、注意してください。「私は食べるものを見る」と「私は見るものを食べる」——このように訳すと、どういう冗談なのかわかりませんね。あまり驚きがない。seeは「見る」というより「見える」です。意識しなくても目に入って来るのも、seeです。look atは「意識して対象を見る」行為ですが、seeは文法用語で言うと「状態動詞」で、hearと一緒です。hearも「聴く」じゃなくて、「聞こえる」ですよね。

ですから、ここは「「食べるものが目についた」と「目についたものを食べる」はおなじことだって言うのかい」といった訳し方はどうでしょうか。その後は、「もらえる物が好き」は「好きな物をもらう」と同じだって言うのかい。「眠っているのに息をする」のは「息をしているのに眠ってる」と同じかい。

ということですね。

ちなみに、Whenが出てきたら反射的に「〜ときに」と訳しがちですが、「〜しているのに」とか「〜しながら」などと訳した方がいい場合もあります。

おかしな問いかけが三つ畳みかけるように続いていくこの箇所は、訳文もナンセンスがエスカレートして、だんだん馬鹿馬鹿しく、だんだん不条理な感じに仕上げられるといいですね。そうすると、アリスの面食らう顔が見えてきます。

◆章タイトルはどう訳す？

では、最後に章タイトルをどう訳すか、です。第七章はMad Tea Party。「いかれたお茶会」というような意味ですね。これをおもしろく訳してくれた例があります。

「滅《め》茶《ちゃ》苦茶お茶会」
「破茶滅茶なお茶会」

お茶づくしですね。

「おかしくなっ茶った」

これは傑作ですね。私は迷った末に、「おちゃらけお茶会」になりました。
ちなみに、第六章のタイトルは、Pig and Pepperです。頭韻を踏んでいますが、どんな工夫をして訳せるでしょうか？

「豚がぶたれる」

なかなか良いですね。音で遊んで意味は犠牲にするか、意味もどうしてもがんばって訳すか、悩むところです。伝説的な翻訳家の柳瀬尚紀《やなせなおき》さんは「豚坊《ぶたぼう》と胡椒《こしょう》」と訳していました。これは語尾で「オウ」という音の韻を踏んでいます。ちなみに、わたしは苦し紛れに「豚《とん》だトンチ」というふうに訳しました。pepperからはだいぶ離れてしまいましたが、トンチ合戦的な内容に合わせてみました。

フランスの詩人アポリネールのある詩で、雌牛と書かれているのに、詩人の堀口大學《ほりぐちだいがく》が「雄牛」と訳したことがあります。たんなる読み間違いだという学者もいるし、もしかしたら、詩のイメージのために敢えて雄牛と訳したんじゃないかと推測する人もいる。詩も、ジョークも、ダジャレも、なにをどう訳したらうまく訳せたことになるのか、これはきわめてむずかしい問題で、おいそれと答えは出ません。

第三章　エミリー・ブロンテ『嵐が丘』

――「人称代名詞」を替えると、「あの人のうっとうしさ」がわかる

◆あらすじ

一八〇一年、都会暮らしの青年ロックウッドは、ヨークシャーのムーア（荒れ野）に建つ「鶫《つぐみ》の辻《つじ》」屋敷の借家人となる。厭世家《えんせいか》らしい大家のヒースクリフと近づきになろうとするが、取りつく島もない。まもなくロックウッドは屋敷付きの家政婦ネリー・ディーンから、ふたつの家の波瀾《はらん》に満ちた物語を聞くことになる。ヒースクリフはもともと孤児で、「嵐が丘」に住むアーンショウ家の主人に拾われ、そこの長女キャサリンと愛しあうようになった。しかし英国では女性は財産を相続できない慣わしの時代、キャサリンは生活安定のため、「鶫の辻」に暮らす裕福なリントン家の長男エドガーと結婚してしまう。このときから、ヒースクリフの遠大な復讐《ふくしゅう》計画は始まった。二世代にわたる両家の人々の愛憎を、財産の争奪とともに描く、愛の物語。

◆指示文

以下は、キャサリンとヒースクリフの最後の対峙《たいじ》場面です。キャサリンのお腹には、夫エドガーとの七か月の赤ちゃんが宿っています。それに加え、肺の病でかなり衰弱してもいます。

純愛を貫いた男女の悲劇的恋愛小説、というのが『嵐が丘』の一般的なイメージだと思いますが、じつはかなり世知辛い部分も、コミカルな要素もあちこちにあります。この章では、名作への先入観を取り払うために、ちょっと思いきった遊びを取り入れてみましょう。登場人物の印象からなるべくかけ離れた人称代名詞を選んで訳してください。おれ、わし、おいら、あたい、おまえ、きさま、そち……などなど。あなたの中にいるヒースクリフとキャサリンの像に揺さぶりをかけてみましょう。ご自分の日本語にちょっと無理をさせるのも狙いです。

『嵐が丘』課題文

"You teach me now how cruel you've been—cruel and false. *Why* did you despise me? *Why* did you betray your own heart, Cathy? I have not one word of comfort—you deserve this. You have killed yourself. Yes, you may kiss me, and cry; and wring out my kisses and tears. They'll blight you—they'll damn you. You loved me—then what *right* had you to leave me? What right—answer me—for the poor fancy you felt for Linton? Because misery, and degradation, and death, and nothing that God or Satan could inflict would have parted us, *you*, of your own will, did it. I have not broken your heart—*you* have broken it—and in breaking it, you have broken mine. So much the worse for me, that I am strong. Do I want to live? What kind of living will it be when you—oh God! would *you* like to live with your soul in the grave?"

"Let me alone. Let me alone," sobbed Catherine. "If I've done wrong, I'm dying for it. It is enough! You left me too; but I won't upbraid you! I forgive you. Forgive me!"

"It is hard to forgive, and to look at those eyes, and feel those wasted hands," he answered. "Kiss me again; and don't let me see your eyes! I forgive what you have done to me. I love *my* murderer—but *yours*! How can I?"

(第十五章より)

◆人称代名詞とのつきあい方

この章では、人称代名詞とのつきあい方を考えます。日本語の人称代名詞は翻訳において、「取り扱い注意の危険物」にもなりえます。英語のyouだったら、「あなた」「あんた」「あんさん」「おまえ」「きみ」「おたく」「そなた」「きさま」、Iは「わたし」「わたくし」「あたい」「あちき」「おれ」「おいら」「おいどん」「わし」「わて」「わがはい」「それがし」、最近の女子は「うち」、体育会系の人などは「自分」と言ったりしますね。

日本語の人称代名詞には、フォーマル、カジュアルという違いだけでなく、相手との位置関係、関係の性質、距離感、敬意、親しみ、へりくだりの程度などが表されます。

今回はいかにもヒースクリフとキャサリンが使いそうな無難な人称代名詞ではなく、ちょっと冒険をしてくださいとお願いしました。本来なら原文にそった人称代名詞を選ぶところを、あえて人称代名詞の方を先に決めてしまうわけです。人称代名詞の変化によって、訳語の選択、語調、文体、もっと言うと、登場人物同士の関係や、物語の解釈にも影響してくるかもしれない。そうしたことを体感するための実験と思ってください。

◆訳文の世界観は出だしで決まる

さて、訳文というのは、訳し出しで調子が決まります。翻訳講座での訳例をちょっと並べてみましょうか。

You teach me now how cruel you've been—cruel and false.

a：君がどんなにむごいことをしてきたか、よく分かった。
b：おまえさんがどんな人でなしか、よくよく思い知らされたぜ。
c：お前が、冷酷な嘘《うそ》つきだってことを、今さら教えてくれるのか。
d：これでようやっとあんさんの酷さがわかったで。
e：おかげでさあ、おまえがどんだけひでえウソつきかわかったよ。

同じヒースクリフのせりふでも、理知的でクールな印象のものあり、浪花節《なにわぶし》風の関西弁あり、いまどきの男子風あり、と多彩ですね。君と言うか、おまえと言うか、あんさんと言うかで、ふたりの関係性がすでに透かし見えてきます。その後の語調や訳語の選択も変わってくるでしょう。

あるていどの分量を読んだほうが、変化がわかると思いますので、翻訳講座での訳例を、途中から少し長く引用します。

b：「おいらに惚《ほ》れていながら、捨てるたあ、どういう了見だ、どういう権利だ、さあさあ。なんだと、リントンを好いたのなんだの寝ぼけたこと言ってんじゃねえや。どんなみじめな目にあおうが、おちぶれたって、死んだって、神も悪魔もおいらたちを引き裂くなんてありっこねえ。〈中略〉それでもおいらに耐える強さがあったのはあいにくだったぜ。生きていたいかって？　どんな人生になるってんだ。もしおまえさんが――ちきしょうめ、てめえの魂を墓に埋めてまで生きていたいと思うかってんだ」

「もうあたしのことは放っといて」キャサリンはすすり上げた。「あたしが悪かったんなら、それでいま死に掛かっているじゃないか、十分だろう。あんただってあたしを捨てたんだ。でも、あたしはとがめやしない。だから、あたしのことも許しておくれよ」

「おいら」「おまえさん」「あたし」「あんた」という人称代名詞が使われています。なんだか、江戸っ子の人情劇みたいに見えてきましたね。ヒースクリフもキャサリンも、「おまえがわるい」「あんたこそ」と言い張っています。余命幾ばくもないヒロインと、彼女を思う永遠の恋人のつかのまの逢瀬《おうせ》、という一幕ですが、こうして訳してみると、内容的には、ピュアな愛を語りあう崇高な場面とは言いがたい、泥仕合だということがわかります。しかしながら、この人間味が『嵐が丘』の本当のおもしろさとも言えるのです。打算、裏切り、身勝手、未練、言い訳、責任転嫁——生身の人間が生きていくうえで、だれしもが完全に無縁ではいられないものでしょう。

◆想像と夢想のちがい

What right—answer me—for the poor fancy you felt for Linton? の fancy は、訳すさいにはちょっと注意が必要です。「妄想」とか「ばかげた夢」といった訳例を見かけましたが、そう、fancy（夢想）と imagination（想像）というのは、英語の概念でははっきり違うものなんですね。

シェイクスピア（一五六四—一六一六）の時代には、five wits という五つの精神機能がありました。これは視覚、聴覚、触覚、嗅覚、味覚という身体を通した five senses（五感）とは別のものです。common sense（常識）、judgment（判断力）、memory（記憶力）、あとの二つが、

imagination、そしてfantasyです。イマジネーションはあるていど根拠がある想像ですが、ファンタジーというのは「空想」「妄想」「幻想」、もっと現実性のないものを言うんですね。fancyはfantasyの異形（変化形）ですから、先ほどの訳文Bのように、「寝ぼけたこと」と訳すのは、なかなかの妙案だと思います。

こんな訳語の選択は、もしヒースクリフの人称代名詞が「ぼく」や「わたくし」だったら、きっと出てこないものでしょう。日本語の文章では、それぐらい人称代名詞がキーポイントになっています。「人称代名詞を選ぶことは、ひとつの世界を選ぶことだ」と言ったのは、小説家であり『源氏物語』の現代語訳者の角田光代《かくたみつよ》さんです。

◆なにを書いて、なにを書かないか

今回のように〝大胆な〟訳し方をすると、ごまかしが効かないというか、明確な解釈を迫られると思います。そこで訳す姿勢の違いが出てきます。みなさん、自分の読みにブレがない箇所は冒険ができるようですね。

とくに次のような箇所は、訳者の「読み」と判断力が如実に出るところです。What kind of living will it be when you—と言って絶句し、oh, God!となっていますね。youの後に続くとしたら、どんな文章でしょう。その後に「墓場」という語も出てきますし、おそらく「おまえが死んだら」という意味のことでしょう。しかしあまりの事態の由々しさに言葉にできない。キャサリンの死をそれだけ恐れているともとれます。「もしおまえが死んだら」の「死」ぐらいまで書く訳者もいるでしょう。あるいは、「おまえが――ああ、くそ……」などと言葉を濁す方法もあります。死をにおわせつつ直接言わないというのはむずかしいですね。訳文になにを書いて、なにを書かないか、訳者の判断とセンスが問われます。

ちなみに、『嵐が丘』を下敷きにした『本格小説』という恋愛小説を書いた作家の水村美苗《みずむらみなえ》さんと、この箇所について論じあった際、ヒースクリフがキャサリンの近づく死をどれぐらい明確に認識しているか、ということが論点になりました。私はまだ認めきれないので口にできないのではと言い、水村さんはすでに覚悟しているからこそ口にできないのでは、と主張しました。彼の心理状態をどう読むかで、when you 以下の訳文は変わってくるでしょう。

◆ヒースクリフは「寡黙な男」という幻想

では、別の訳例も見てみましょう。

d：「これで、ようやっとあんさんのえげつなさがわかったで。つれのうて、うそばっかりや。なんでわてを嫌ったんや。おのれの心を裏切ったのはなんでや、キャシー。〈中略〉わてに惚れてたくせに、ほかすどないな権利あるいうねん。どないな権利や。えっ？　答えてみい。リントンへのつまらん気まぐれのせえか。わてがどんな惨めな目ぇあってても落ちぶれてても、いっそ死んだかて、神はん悪魔はんのどないな力つこうても、わてらを引き裂くことはできひんかったはずや〈中略〉わては強いばっかりにえらい思いさせてもらいましたで。生きてくゆうたかて、どないな人生があるいうんや。あんさんが……。頼むわ、神はん仏はん――あんさんは魂ぃ墓に埋められても生きていたいんか」

「ほっとき。うちにかまわんといて」キャサリンはすすり泣きました。「うちがあかんゆうなら、その報いで死んでいくんよ。充分やろ。あんたかて、うちを捨てはったやないの。でも、うちは責めたりせえへん。許すよって、せやからあんたもうちを許したってや」

「あんさん」「わて」「うち」「あんた」という人称代名詞を用いて、関西弁風に訳しています。神さんの他に、仏さんも出てきましたね（笑）。ヒースクリフとキャサリンの言葉の応酬に、関西弁が意外になじんでいます。これらの人称代名詞を選んだのはなぜか尋ねてみると、「ヒロインがもう死ぬというこの期に及んでも、ふたりはまだ罵りあっていて、痴話げんかっぽいというか、どこか滑稽味があるというか。あと、ヒースクリフの言葉数が多いのでびっくりしました。ふたりがぽんぽん言いあう感じは大阪弁が合うんじゃないかと思って、「あんさん」「うち」と言わせてみたところ、違和感なくどんどん訳せました」という回答がありました。

「言葉数が多い」、これ重要な要素です。この小説のかなり本質的な部分が露《あら》わになったと思います。ヒースクリフって、日本ではなぜか「黙して語らず」という印象がありませんか？

　日本と欧米の恋愛小説の決定的な違いというと、欧米の方はとくに男の人がたくさんしゃべることなんですね。ヒースクリフにも、けっこう長い独白があります。日本語の小説で、恋人の男性が二、三ページも続くモノローグを展開したら、理屈っぽくなってやや興ざめではないでしょうか。前にあげた水村美苗さんの『本格小説』には、ヒースクリフに当たる

「太郎」という人物が出てくるんですが、「日本語の恋愛小説で、彼に一ページも二ページも続けてしゃべらせることは無理でした」と、水村さんは述懐されています。

意外と言葉数が多いふたりの押し問答を関西弁のテンポで表現したのは妙策かもしれませんね。激しくやりあっていても愛情が感じられますし、ヒースクリフの「しゃべくり」と人柄の本質が浮き彫りになってきます。

ヒースクリフ、意外とうるさいおっちゃんやなあ、と思ってしまいました(笑)。理論的に相手を追いつめ、言葉を変えつつ繰り返し同じことを責めたりします。ことによっては、ちょっとお説教くさいと感じるかもしれません。

一方、キャサリンはどうでしょう。本作の前半で、家政婦のネリーと「エドガーからの求婚を受けるべきか」について、教義問答みたいなことを繰り広げる箇所があるのですが、キャサリンはエドガーを選ぶ理由として、「容姿、経済力、教養」を理路整然と挙げます。冷静な思考と計算のできる人です。それでいて、ヒースクリフのことは、とにかく愛しているから愛していると繰り返します。ふたりを分かつことは不可能だと言い募り、しまいにはI'm Heathcliff!と、理論破綻したことを叫ぶ有名な場面があります。賢い人ですが、ことヒースクリフの件になると理屈を超えて、だだっ子のようになってしまうところがあるんですね。それは結婚して一児の母になろうとするこの時期にも変わっていません。

本作はこれまで古典にふさわしい格調高い文体で訳されていたので、キャサリンもヒースクリフも崇高な愛を語っている印象がありました。しかし、『嵐が丘』というのは基本的に、財産相続をめぐって土地を取ったり取られたりする「不動産小説」であり、きれいごとでは済まない、世知辛い話なのです。わたしはむしろ『嵐が丘』のこうした人間的で切実な部分にひかれて、新訳を行いました。

今回のように、人称代名詞を替えて訳してみるだけで、文体から作品全体の解釈にまで変化が起こり、原文のもつ意外な本質が見えてくることもあります。この章では、そんなことをなんとなく感じてもらえれば充分かと思います。

第四章　エドガー・アラン・ポー『アッシャー家の崩壊』

――「まわりくどい文体」を訳すと、「恐怖の源」がわかる

◆あらすじ

物語は、語り手が学友のロデリック・アッシャーの古い館に馬で訪ねていくシーンに始まる。友人がせっぱつまった語調の手紙をよこしたため、心配になって会いにきたのだ。再会してみれば、学友はすっかりやつれて、かつての面影もない。唯一の肉親である最愛の妹マデリーンが奇病にとりつかれ、助かる見込みがないのだという。

じきに妹は亡くなり、ロデリックは彼女の遺体を一時的に、屋敷の地下墓所に安置することにする。嵐の荒れ狂う美しいある晩、ロデリックは半狂乱になり、なにかが見えると言いだす。友人の気をしずめるため、語り手が伝奇物語を朗読すると、物語と同じことが現実にもつぎつぎと起きる。不吉な音や光。突然、一陣の風が吹きこんで部屋の扉がひらくと、そこに墓から甦《よみがえ》った血まみれのマデリーンの姿が現れる。ロデリックは恐怖で息絶え、語り手は這《ほ》う這《ほ》うの体で屋敷から逃げだすのだった。

訳していただくのは、語り手が屋敷から飛びだした後からラストまでです。

◆指示文

ポーは「アラベスク（唐草）文体」と呼ばれるくねりにくねった文体が特徴です。これをじっくり味わうためにも、今回は、あえてなるべく原文の語順どおりに訳してみてください。行きつ戻りつ、なかなか進まない文章ですので、つらいと思いますが、訳すときも、てきぱきと効率的にまとめてしまうことは禁物です。ポーならではの効率のわるさにつきあうことで、恐怖の源が見えてくるかもしれません。古めかしいゴシック小説の雰囲気も再現できるといいですね！

『アッシャー家の崩壊』課題文

From that chamber, and from that mansion, I fled aghast. The storm was still abroad in all its wrath as I found myself crossing the old causeway. Suddenly there shot along the path a wild light, and I turned to see whence a gleam so unusual could have issued; for the vast house and its shadows were alone behind me. The radiance was that of the full, setting, and blood-red moon which now shone vividly through that once barely-discernible fissure of which I have before spoken as extending from the roof of the building, in a zigzag direction, to the base. While I gazed, this fissure rapidly widened—there came a fierce breath of the whirlwind—the entire orb of the satellite burst at once upon my sight—my brain reeled as I saw the mighty walls rushing asunder—there was a long tumultuous shouting sound like the voice of a thousand waters—and the deep and dank tarn at my feet closed sullenly and silently over the fragments of the "House of Usher."

（最終章より）

◆くねる文章の非効率につきあう

ポーの文章は関係詞を使った修飾句が長く続いたり、挿入節や言い換えがひんぱんに入ったりと、入り組んだ構造で意味がとりづらいうえ、話がなかなか前に進みません。でも、この効率のわるい文体にこそ、読者にそこはかとない不安を与える効果があり、同時に怖さを生みだすヒミツがあります。

英語は一つのセンテンスのなかに、小さなセンテンス（従属節）をたくさん取りこみながら、後ろへ後ろへと伸びることができますね。ポーの場合、最初からずばり核心に触れず、情報を後出しにしながら、文章を引き延ばす構造により、サスペンス効果が生まれているのでしょう。たとえば、「私は女に会った」と始まり、いつ、どこで、どんな服を着た女か、その服は大叔母に譲られたもので、その人はすでに亡くなっているが、どこどこの町の生まれで、その町を流れる小川は……と、小出しに小出しに情報が出てきて、もどかしさと不安感をあおります。こうしたポーの文体を体感していただくため、あえてなるべく原文の語順どおりに訳してくださいという難題を出しました（今回限定の指示です。いつもいつも原文の語順どおりに訳す必要はありません）。

全体に、風通しのよくない、空気のよどんだ部屋のような雰囲気がありますので、クリスプな（さくさく進む）訳文に仕上げて、あまりすがすがしい空気を取りこまないようにしましょう（笑）。第一章で「でこぼこを均《なら》さないで」と言いましたが、この章では「いじいじを吹っ切らない」ことが大事です。

◆読者を安心させない

『アッシャー家の崩壊』には、ポーが繰り返し書いてきたモチーフ「早まった埋葬」の恐怖が描かれています。自分が死んで棺桶《かんおけ》に閉じこめられたり、墓に埋められたりした後、じつはまだ生きていて覚醒してしまったら……という特異な恐怖にポーはとり憑《つ》かれていました。

課題の場面は、妹のマデリーンを地下墓所に納めた数日後、ロデリックが半狂乱で語り手の元に飛び込んでくるところです。「何かが見える」とか、「君にはまだ見えていないのか」とかわめく。嵐の夜です。これは古典的ゴシックロマンの常套《じょうとう》ですね。何か恐ろしいことが起きるのは、さわやかな快晴の昼間ということはまずない。夜、雨、烈風、雷。『アッシャー家の崩壊』では、語り手が『狂える会談』という怪奇譚《かいきたん》を朗読し、その物語のなかで不穏な音がすると、現実の世界でも似たような音が聞こえてくる。だんだんこの作中作と現実世界がシンクロしてきて、クライマックスに至ります。

では、課題文を見ていきましょう。二つめのセンテンスにcausewayという語があります。現在はハイウェイみたいな自動車道もコーズウェイといいますが、ここでは沼などにつきだした土手道のことです。いわば、彼我《ひが》（＝あちらとこちら）をつなぐ通路、狂気と死の支配する世界と理性の支配する現実社会をつなぐ道です。語り手が生還できるかどうかの瀬戸際ですから、原文どおりはらはらさせてください。

大事なのは接続詞のasですね。二つの文章（すなわち二つの世界）を結ぶasが、この土手道《コーズウェイ》の役割をはたしていると言ってもいいでしょう。ここは、次のようにas... 以下を後ろから訳しあげる人が多いのです。

いつのまにか古ぼけた土手道を渡っていくとき、まだあたりには嵐が猛威を振るっていた。

こう訳すと、読者は「ああ、この人、土手道を渡っていけるのか」と、初めに展開を知って安心してしまい、サスペンス感が目減りしてしまいます。

まず語り手が恐怖の部屋をころがりでる、そのまま屋敷も飛びだすと、外は外で恐ろしく嵐が吹き荒れている。無我夢中で走る、ふとわれに返ると土手道を突っ切っていた、という流れを再現するといいですね。

as は「〜するとき」「〜するにつれ」などという語義が辞書に出ていますが、when よりも、前の文と後の文の同時性を強く表します。「〜するなかで」などと前から後ろに訳したほうがしっくり来ることもあります。それから、found oneself という言い回しは、ポーの文章にはよく出てきます。「気づいたら〜していた」ですね。ポーの作品では主人公が呆然自失《ぼうぜんじしつ》することが多いので、「はっと我に返るといつのまにか」という言い回しが多出するのでしょう。「わたしが自分を見出したのは」といった訳をたまに見かけますが、自分探しの旅ではないのでやめたほうがよさそうです。

では、翻訳講座での訳例を対訳方式でちょっとお見せします。

From that chamber, and from that mansion, I fled aghast.

a：その部屋から、そしてその館から肝がつぶれる思いで逃げ出した。

b：その部屋から、その館から、私は動顚《どうてん》して逃げだした。

The storm was still abroad in all its wrath as I found myself crossing the old causeway.

a：嵐はまだ外で猛威をふるっており、私は気づいたら古ぼけた土手道を渡っていた。

b：嵐は依然猛威の衰えを見せず、はたとわれに返ると突っ切らんとしているのは、あの土手道であった。

どちらも、動詞と目的語、動詞と補語の順番が所どころひっくり返っていますが、かなり語順どおりに訳されています。bの例はcausewayを訳文でも最後にもってくる工夫をしたのですね。

◆一瞬、見せておいて……

さて、そこで驚くべきことが起こります。

Suddenly there shot along the path a wild light, and I turned to see whence a gleam so unusual could have issued; for the vast house and its shadows were alone behind me.

along the path の along ですが、「〜に沿って」と機械的に訳さないようにしてください。「突然、道に沿って光が射した」のではなく、「突如として、土手道に閃光《せんこう》が射した」のですね。

その次のセンテンスですが、ここは、「…; for」（というのも〜）以下で、改めてぞっとさせないとなりません。文法的にいうと、この接続詞の「for」は、直接の理由を説明する because とは働きが違うので、後ろから訳しあげないでください。次の二文を見ればわかると思います。

He looks pale because he is sick.　彼は具合が悪いため、顔色がすぐれない。
He must be sick, for he looks pale.　彼は具合が悪いに違いない。（なぜそう思うかというと）、顔色がすぐれないから。

「…; for」は「なぜこう言うか・こうするかというとね」と、前の文、または前の文の一部を説明したり補強したりするための追加情報です。ここの場合は、I turned to see whence... を補足説明しています。「光の出所はどこかと振り返った。というのも……」となります。光源がわからないからとっさに振り返ったわけですが、ここでの「…; for」は「読者によく思い知らせるための補足」と言っていいかと思います。

ですから、語り手が振り返って、そこにあるものを目の当たりにするまでの一瞬、闇に包まれたアッシャー館の姿を読者に思い浮かべさせておいてこそ、次のセンテンスの描写との落差で異常さが際立ちます。これを後ろから訳して、「広大な屋敷が影を投げかけているほかは何もないはずなので、こんな異様な閃光を発するものは何なのか確かめるために、わたしは振り返った」などとすると、直線的、説明的すぎて、いささか興ざめです。ちなみに、先ほどのAさんはこう訳しました。「私は振り返って、一体どこからこんな異常な輝きが漏れうるのか確かめた。なぜなら巨大な館とその影が私の背後にあるだけなのだから」。Bさんは、「かくもただならぬ閃光が何処より発することがあろうかと振り返ったのは、巨大な屋敷とその影のみを背にしていたからであった」です。

さて、次のセンテンスで、いよいよ異様な光の正体がわかります。

The radiance was that of the full, setting, and blood-red moon which now shone vividly through that once barely-discernible fissure of which I have before spoken as extending from the roof of the building, in a zigzag direction, to the base.

a：この耀《かがや》きは沈みゆく血のように真っ赤な満月のもので、今や館の裂け目から強烈に耀きを放っている。この裂け目は、かつては目につかないほどわずかで、館の屋根から土台まで稲妻形を描いて走っていると、以前、私が話したものである。

光源は月だったのですね。full と moon は原文では離れていますが、日本語では「満月」とくっつけても、この場合はかまいません。

それにしても、which now 以下、光が漏れてくる裂け目の説明が長い！　どうしてこんなに多くの情報を一文に入れなくてはいけないのかと、文句を言いたくなってきますが、これがポーの文体なのですね。aさんは裂け目の説明に入る前で、文章をいったん完結させています。一方、bさんはこうです。

b：その光輝は鮮血の如き緋色《ひいろ》に染まって沈む満月より発し、今や煌々《こうこう》と輝く月は、ほぼ観取能《あた》わざるものの建物の屋根から稲妻状に折れ進んで基部まで達していると、過日言い及んだあの亀裂から光を放っていたのだ。

亀裂の長い説明を入れた後に、「光を放っていた」で文章を終わらせています。

aさんの訳文では、原文の語順どおりにすっと情報が頭に入ってくるという利点があります。かたや、bさんの訳文はすぐに先が見えず、「だから、月がなに、どうしたの?」というもどかしさが募ります。その点、ポーらしいムードを盛りあげていると言えるかもしれません。

◆心理的なギャップ

次に、アッシャー館が崩れていくすさまじい描写が続きます。ここでどんな点が訳しにくかったか尋ねると、「閃光が射してきた後、なにがどういう風に壊れていったのかが想像しにくい」という意見がありました。

おそらくこれは、出来事の順番と言葉の順番に微妙なずれを感じるということだと思います。原文は、亀裂がまたたく間に広がって、そこに満月が現れ、くらくらしているうちに、館が崩壊していった、という順番で書かれています。凡庸な書き手だと、建物がガラガラガラと崩れて、月がどーんと現れるという風に書きそうですね。その方が訳しやすくもある。

しかし、語り手の目にはこの原文のように映ったのでしょう。すさまじい閃光、血のような大きな月が現れた！　と思ったら、壁がわーっと崩れていく。これは心理的なギャップだと思うんですね。館の崩壊に気づくまでに、一瞬の間がある。現実の理屈としては、満月がのぞくほど亀裂が広がった時点で壁は崩れています。崩れだしたから月が現れたんでしょうけれど、語り手の目には、裂け目が広がる、月の全姿が現れる、ああ、館が崩れていく崩れていく、という感じなのでしょう。burst at once upon my sight と、月がいきなり現れるところは、cさんの迫真の訳文もごらんください。

c：私が見つめるうちにも、壁は一気に大きく裂けたかと思うと、すさまじい風が巻き起こり、忽然《こつぜん》と月の全容が目の前に現れた。

ものごとの順序が多少前後する感じがしても、ここは訳すときに整理したり補足したりしない方がいいと思います。混乱は混乱のまま訳す。これを、「見る見る間に壁が大きく裂けて、館が崩れだし、そこに満月が全容を現したので、見ているわたしはめまいがしてしまった」と訳すと、わかりやすいですが、なんだか衝撃がありませんね。ああ、そうですか、という感じです。館の倒壊に気づくまでの微妙なギャップも、怖さの源なのでしょう。

◆主役はだれ？

最後はこのように終わります。

there was a long tumultuous shouting sound like the voice of a thousand waters—and the deep and dank tarn at my feet closed sullenly and silently over the fragments of the "House of Usher."

ここの問題は、「アッシャー家」という言葉を訳文のどの位置にもってくるかですね。原文だと、the House of Usher が最後の最後に来ているので、usher［——r］という音で消え入るように終わるのも、不気味な沈黙が感じられて、恐ろしさが増します。

ここでまたａさんとｂさんの訳文を見てみましょう。

ａ：私の足元にある深くて湿った小沼の中に、不吉にも音ひとつたてず、「アッシャー家」の残骸は埋もれていった。

b：底知れず冷え冷えとした沼が私の足元であぎとを閉じ、陰鬱な沈黙が垂れこめると、
　瓦礫《がれき》と化した「アッシャー家」の姿はもはやどこにもなかった。

古風な言葉づかいに挑戦してくれたbさんに、一番腐心したところはどこか聞くと、やはり、最後の一文の末尾が訳しにくかったとのこと。たとえば、「崩れ落ちた館を呑《の》みこんで水面が閉じた」と訳すと、沼の方が主役のようになってしまう気がして、語順を変えつつ工夫したそうです。

最後に沼の支配性を表現して終わるのも悪くはないと思います。しかしアッシャー家の物語なので、「〝アッシャー家〟の姿はもはやどこにもなかった」のように、一族と屋敷の末路をはっきりと描出するのも、ひとつの方法だと思います。

非効率的な文章は効率化しない、風通しのよくない文章は風を入れすぎない。語順どおりに訳してみることで、ポー特有の怖さの源が見えてきたのではないでしょうか。

第五章　サリンジャー『ライ麦畑でつかまえて』
――「口癖」を訳すと、「ホールデン少年の孤独」がわかる

◆あらすじ

一九五〇年代のアメリカ東部。学業不振で四つ目の学校を放校になった語り手の少年ホールデン・コールフィールドは、目下、精神病棟で療養中のようす。彼が語るのは、前年の秋学期が終わってからクリスマス休暇までの三日間（土曜から月曜まで）のできごとだ。十六歳のホールデンが通っていたのは、ペンシルバニア州のプレップスクール（私立の全寮制進学校）。学校を飛びだした彼は家には帰らず、マンハッタンの街をさまよい、女の子に電話をしてみたり、ジャズクラブに出向いてみたり、コールガールを呼んでみたりする。酒に酔った彼は、両親が留守中の自宅にもどり、妹のフィービーに、「なにかになるとしたら、おれはライ麦畑の捕まえ役になりたい」と奇妙なことを言いだし、口論の末、また家を出ていく。その後、彼がどのように家に帰り、精神を病んだのかは書かれていないが、来秋には次の学校への入学が決まっているという。

◆指示文

物語の冒頭で、ホールデンが自己紹介をするくだりです。本作のモノローグ（一人称の独白）文体で訳出しにくいのは、くだけた表現の口癖のニュアンスでしょう。or anything や and all など、細かい部分ですが、ばっさりカットせず、ていねいにすくいとってください。男の子が口にするような自然さが大切です。

二番目にむずかしいのは、これも文中に頻出する you の訳し方です。従来の翻訳では、「不特定の聞き手たち」のように解釈し、とくに訳出していませんが、新訳を手がけた村上春樹は you を語り手自身と解釈し、語り手が自分にしゃべりかけているような文体に仕上げました。you をどう解釈し、どう訳すかによって、作品世界は大きく変わってくるでしょう。

『ライ麦畑でつかまえて』課題文

If you really want to hear about it, the first thing you'll probably want to know is where I was born, and what my lousy childhood was like, and how my parents were occupied and all before they had me, and all that David Copperfield kind of crap, but I don't feel like going into it, if you want to know the truth. In the first place, that stuff bores me, and in the second place, my parents would have about two hemorrhages apiece if I told anything pretty personal about them. They're quite touchy about anything like that, especially my father. They're *nice* and all—I'm not saying that—but they're also touchy as hell. Besides, I'm not going to tell you my whole goddam autobiography or anything. I'll just tell you about this madman stuff that happened to me around last Christmas just before I got pretty run-down and had to come out here and take it easy. I mean that's all I told D.B. about, and he's my *brother* and all.

（第一章冒頭より）

◆タイトルは「空耳」から

The Catcher in the Rye は、日本で根強い人気をもつ小説ですが、まずは、この不思議なタイトルの意味と由来についてふれておきます。

妹のフィービーがホールデンにお説教をする場面を見てみましょう。「お兄ちゃん、怒ってばっかりいるけど、どうしたいの？　自分にはこれがあわない、あれがあわないと言って、なんにもしないいじゃない」と。するとホールデンは「なにかになるとしたら、**a catcher in the rye** になりたいんだよ、おれは」と答える。直訳したら、「ライ麦畑の捕まえ役」ですね。この部分が作品タイトルの由来です。四方を崖に囲まれたライ麦畑で、子どもたちが無邪気に遊んでいる脇に立って、畑から落っこちそうになる子を捕まえてあげるという役です。そんな畑も仕事も現実にあるわけがなく、人生の「モラトリアム」（なにかが実行される前の猶予期間）を象徴するものと考えられています。まさにいまのホールデンは危険で過酷な実社会に出ていく前の「ライ麦畑」にいるようなものでしょう。

そんな兄の答えを聞いたフィービーは聞き間違いを正します。ロバート・バーンズというスコットランドの詩人（日本では「蛍の光」の原詩で知られる）の詩を、ホールデンは聞き違っていたのです。正しくは、"if a body meet a body, coming through the rye," で、a catcher in the rye なんか出てこない。この詩は、ライ麦畑に隠れて男女がいちゃいちゃするというもので、「ジェーンはいつも濡《ぬ》れっぱなし」という一節もあり、だいぶ艶っぽい内容です。

ちなみに、この曲は日本では初め、『故郷の空』という題名で邦訳されました。原詩とはかけ離れた清く美しい歌詞に変身していますが、その後、原詩の猥雑《わいざつ》なおもしろみを取りもどしたのが、〈ドリフターズ〉というコメディグループが歌った『だれかさんとだれかさん』です。麦畑やいろいろな場所で逢引《あいび》きをする男女と、それをのぞき見る語り手、という構成になっています。同じひとつの歌詞でも、翻訳や翻案のしかたで、こうも違ってしまうのですね。

◆反抗する自己紹介

さて、冒頭でいきなり固有名詞が出てきますね。この「デイヴィッド・カッパーフィールド」は、あのアメリカの有名マジシャンではありません。イギリスの作家チャールズ・ディケンズの代表作（一八五〇年）で、孤児の生涯を描いた名作のことです。ここでは、十九世紀の英国文学の典型例という意味で引き合いに出されています。その頃までの小説というのは、主人公の生まれる前のこと、父母のなれそめや、一族の来歴から語り起こしていく書き方が、よくありました。

しかし現代的な形の一人称文体が発達してくると、自分の生まれる前のことを見てきたように語るのは不自然ですから、だんだんそういうスタイルはすたれていきます。そんなわけで、ホールデンは『デイヴィッド・カッパーフィールド』ばりの前世紀的な自己紹介はやらないよ、と最初に宣言している。「回想録っていうと、どうせみんなall that David Copperfield kind of crap（例のデイヴィッド・カッパーフィールドみたいなくっだらない話）を期待しているんだろうけど、そんなのごめんだぜ」ということですね。反抗するこの少年は、いうなれば、古典の文学史にもけんかを売っているわけです。

◆警戒、不安、孤独は口癖にあらわれる

いま出てきた、kind ofあるいはsort ofはホールデンの口癖です。日本語でも、「みたいな」「的な感じ」「とか」「ていうか」と、ずばり言わずにぼかす言い方がありますね。それと似ていると思います。
その後に出てくるif you want to know the truthも、ホールデンがしばしば挟むフレーズです。逐語訳《ちくごやく》すると「もしあなたが真実を知りたいなら」ですが、こんなことを会話のなかで

しょっちゅう言う人がいたら不気味です。翻訳講座では、こういう訳例もありました。「(聞きたいのは) なんかもう『デイヴィッド・カッパーフィールド』かよって感じの、くだらないことばっかだろうけど、そんな話始める気がしませーん、ぶっちゃけ」

はい、雰囲気はよく出ています。「ぶっちゃける」は、「打ち明ける」が「ぶち明ける」になり、それがさらにくずれた形です。「ぶっちゃけ」という流行《はや》りの簡略形を訳文に使う是非は措《お》くとして、if you want to know the truth は、「(聞くなら言うけど) 正直なところ」ということですね。このフレーズは作中に十六回ほども出てきて、口癖に近いので、今風に「正直」ぐらいでもいいかもしれません。たいてい「正直言って」とか「へんな話ですが」とか「極端なことを申せば」などと、人が何か前置きをするのは、警戒や不安の表れです。なにに対してかわかりませんが、無意識に予防線を張ったり牽制《けんせい》したりしている。そういう人の話はおおかた、「へん」でも「極端」でもないのですが。

その後、They're quite touchy about anything like that, especially my father. They're *nice* and all—I'm not saying that—but they're also touchy as hell. の、I'm not saying that にも言い切りを避ける気持ちはあらわれています。ちなみに、村上春樹さんは、「(いや、うちの両親はいい人たちだよ) そういうことじゃなくてさ」と訳しています。

そういうこととは、どういうことか。thatがなにを指しているのかわかりにくいかもしれませんが、前の文のThey're *nice* and allを受けています。「こう言ってるわけじゃないんだよ」「こう言うつもりはないけど」ということです。もう少し口語らしくすると、「こう言っちゃなんだけど」です。「いや、身内のおれが言うのもなんだけど」という心理から、ここもまた、ツッコまれないよう無意識に用心しているようです。前後をざっと訳すと、「うちの両親、その手のことにはとにかくうるさいんだ、とくにオヤジのほうがね。こう言っちゃなんだけど、ふたりとも育ちはいいっていうか、でもめちゃくちゃ神経質でさ」などとなるでしょう。

◆なぜ言い切らないのか?

They're *nice* や、my brother の後に and all とついていますね。and all はホールデンがなにかと言うとくっつける、本作での最頻出フレーズであり、おそらく三百何十回入っています。これも、言い切らずにぼかす言い方のひとつです。課題文以外の箇所だと、Anyway, it was December and all.「とにかく、それは十二月とかでさ」や、just to be polite and all.「いちおう礼儀正しくしとくかな、みたいな」といった具合です。

my brother and all なら、「おれの兄貴だったりする」という感じでしょうか。「兄貴だったりする」もなにも、D・Bは兄なんだから、「兄貴なんだよ」でいいはずですが、D・Bに対してホールデンは強い肯定と否定の入り交じる複雑な感情を抱いているので、すんなり「兄貴だ」と言うのがためらわれるのかもしれません。D・Bは以前は立派な作家だったのに、ハリウッドに「身売り」して、安っぽい映画の脚本家になりさがっている、とホールデンは考えているのです。ともかく、いたるところに and all をつけます。

その他、my whole goddam autobiography or anything の or anything（〜やなんか）も同様に頻出します。「わたしの人生丸ごと語りますとかなんとかいう、つっまんねえやつ」ということですね。

このように、本作のモノローグには、ちょっとぼかしたり、但し書きをつけたりする表現が多いのです。ホールデンは学校を立て続けに放校になる〝不良〟なわけですが、ひじょうに繊細な神経の持ち主で、自分のことなど人に理解されないという不安と怒りと孤独が、根底にあるのだと思います。それは思春期には、だれしも多かれ少なかれ抱くものでもあり、だからこそ、この小説は「これ、わたしのことを書いてる」と、多くの読者の共感を呼ぶ普遍性をもつのでしょう。

◆受け入れてくれるyou

そこで、地の文に多出するyouをどう訳すかという問題です。たとえば、翻訳講座では、こんな解釈と訳し方がありました。「youはとくに訳さず、進学校をドロップアウトした高校生が書く自虐的なブログのような文体にした」「youを〝みなさん〟と訳す。自意識過剰な高校生がいやみっぽくネットに書きこんでいるような口調にした」「youを〝おまえら〟と訳す。久しぶりに集まった友人たちに武勇伝を語るような語調にした」「youを〝あんた〟と訳す。語りのリズムが現代のラッパーを思わせた」「youを〝きみ〟と訳す。youは語り手を批判しない良い聞き手と考えた。アンネ・フランクのキティーのような存在」

最後の回答について少し補足しましょう。アンネは自分の日記帳を「キティー」と名づけ、日々の日記を「親愛なるキティーへ」という呼びかけで始め、この架空の存在に語りかけるように文章をつづっていきます。唯一なんでも打ち明けられる〝友だち〟なのですね。

ホールデンは行く先々でなにかと衝突を起こし、神経を逆なでされ、人間関係を築けず、疎外感を覚えています。どこに行ってもフィットしない。そんな自分をいっさい批判せずに、受け入れてくれる存在を求め、その人に話しているのではないか。それがyouなのではないか――。
むこうの答えは決して返ってこないけれど、「見えないyou」を導入したことで、自分の対岸にいる誰かに語りかけ、問いかけることになり、それによって擬似的な対話の形が生まれる。『ライ麦畑』が深層においてやっているのは、それに近いのかもしれませんね。

◆語り手のハートと言葉の距離

最後に、終盤の有名な場面を少し引きましょう。

I felt so damn happy all of a sudden, the way old Phoebe kept going around and around. I was damn near bawling, I felt so damn happy, if you want to know the truth. I don't know why. It was just that she looked so damn nice, the way she kept going around and around, in her blue coat and all. God, I wish you could've been there.

（第二十五章より）

ホールデンは青いコートを着てメリーゴーラウンドに乗っている妹を見て、なにか美しく、あえかな「ものの哀れ」を感じて泣きだしたくなる。いまどきの子のくだけた軽いしゃべり方とは裏腹に、鋭い感受性や、深い内面世界をうかがわせます。言葉づかいは軽薄でも、そうした心の質を感じさせ、内面と外面のずれがうまく表現できるといいですね。

God, I wish you could've been there. で、また you が出てきます。この could have been は文法用語でいうと、仮定法過去完了ですね。「いられたらよかったけど、実際にはいなかった」ということです。

ちょっと注意して欲しいのは wish と hope の使い方の違いです。両方、「望む」とか「願う」という意味で習います。けれど、例えば、この場面では、I hope you could have been there. とは言えません。ものすごくおおざっぱに言うと、hope (that)... というのは前を向いて、「〜ならいいな」と願うこと、wish (that)... は後ろを向いて「〜だったらいいのに・よかったのに」と願う文章に使われることが多いのです。後ろを向いて願うのを「後悔」と言いますね。これからどっちに転ぶかわからない、実現の可能性があるのが hope、既に結果が出ているものは wish。つまり、願っても実現していないことに言及するときには wish を使います（I wish you a Merry Christmas. のような時節のあいさつや祈願文にも使う。I wish to... と to 不定詞を伴うときは want と同様の意味）。

『ライ麦畑』では、ホールデンが I wish を使うことは何度もありますが、I hope を使うのは三回ほどしかありません（どれも皮肉調）。そのうちのひとつは、I hope to hell when I do die somebody has sense enough to just dump me in the river or something.「マジで頼むわ、おれが死んだら、だれか気きかせて、そのへんの川かなんかに放りこんでくれよな」という一文です。

こうした憎まれ口にも、彼の心の屈曲と孤独が表れているのではないでしょうか。

幕間　訳しにくいものワースト5
——詩、ジョーク、言葉遊び、皮肉、悪態は、翻訳五大難関!?

◆中身が大事か、器が大事か、それが問題だ

翻訳にはまず、原文の「意味」だけでなく、「意図」を移しとることが必要です。それから、ときには「中身」だけでなく、「器」(文体や形式)も再現しなくてはなりません。まさに言うは易《やす》く、行うは難し、ですね。

翻訳がむずかしいものの代表として、ひとつに「定型詩」があります。日本でいえば、俳句、短歌など、決まった字数で詠むものはこれにあたります。欧米では、節や連の数、韻の踏み方、韻律の作り方が定まっている詩、たとえば、ソネット、オード、ロンドーなどです。ちなみに、定型詩の約束事をもたない詩は、自由詩と呼ばれます。

また、決まった韻律をもっている韻文(ヴァース)に対して、そのような規定をもたない文を散文(プローズ)と言います。散文で詩を書けば、散文詩になりますし、小説のほとんどは散文にあたります。

定型詩と自由詩、韻文と散文、どちらがより訳しにくいか安易に言えませんが、「器」の形がきっちり決まっているなら、日本語でもそれに相当するものをなにか考える必要があるかもしれません。韻文文化というのは、紀元前三千年紀にまで遡るという世界最古の文献のひとつ、古代メソポタミアの『ギルガメッシュ叙事詩』から、西洋文芸の起点である古代ギリシャ・ローマの文学を経て、何千年も綿々《めんめん》と受け継がれてきました。定型に重みがありますね。

◆定型がある方が訳すのがむずかしい？

だったら、やはり定型がある方が、翻訳がむずかしい、と感じますか。

世界一有名な作家というと、シェイクスピアかもしれませんが、この作家の劇（戯曲）も、もちろん韻文で書かれています。ただ、シェイクスピアが新しかったのは、ルールを守って律義に韻を踏むのをやめ、押韻なしで抑揚（韻律）をつくる「ブランクヴァース」という形式を完成させたことです。そうして営々と続く韻文の縛りがほどけてくるのが、近代以降になります。日本でも明治末期から大正時代に、自由律俳句、自由律短歌といま呼ばれている、従来の字数や季語などの決まりから離れたものが徐々に出てきますね。俳句では、放浪の俳人、種田山頭火《たねださんとうか》や尾崎放哉《おざきほうさい》などの句は読んだことがあるのではないでしょうか。

まっすぐな道でさみしい（山頭火）

咳《せき》をしても一人（放哉）

ええっ、どこが俳句なの⁉　と言いたくなります。これらの句を英訳しなさいと言われたら、どうしますか？　句中の言葉はじつにシンプルで、難解な語句などひとつもありませんね。しかし外国語に訳すとなったら、なにを足がかりにして訳せばいいのか、途方に暮れてしまいます。定型の俳句であれば、その「形式の模倣」をひとつの足がかりにできるかもしれませんが、それもできません。しかもその英訳はHaikuのエッセンスを伝えるものでなくてはならないのです。恐ろしく困難な仕事になるのは想像にかたくありません。定型詩、自由詩、どちらが訳しやすいとは軽々《けいけい》には言えませんね。

◆ダジャレ、皮肉、悪態、これらも難題だ

それから、翻訳が困難なものに、ダジャレ、皮肉、悪態の類があります。

ダジャレ（地口）は、英語でpunと言います。第二章で翻訳に挑戦した『不思議の国のアリス』にもさかんに出てきますね。課題文の中にも、pigとfigなどの掛け言葉がありましたが、これは「ブタ」と「イチジク」と訳したら、シャレだとわからないし、面白くもなんともない。よく翻訳者の間では、意図を伝えるには、「リンゴをミカンに替えることも厭《いと》わない」といった言い方をしますが、要するに、翻訳では、形式と意味のどちらかを優先せざるを得ないことがあります。両方とも掬《すく》えて救えれば（はい、ダジャレです）、それがいちばんですが、アブハチ取らずになるよりは、潔く選ぶのも訳者の役割かと思います。

その他に訳しにくいのは、言語特有の文化を映しだした悪態ですね。英語の場合、damnなどの不敬な語か、fuckingのような卑猥《ひわい》な語が使われることが多く、このようなswear words（罵り語）は、日本語に相当するものがないので、訳者泣かせではあります。

わたしはルル・ワンという中国系オランダ作家の小説を英語訳から翻訳したことがあります。原文はオランダ語なんですが、発想は中国語なんです。だから、Oh my God!（直訳すると、「おお、神よ！」）と言うところは、Oh my Buddha!（「おお、仏陀《ブッタ》よ！」）となっていました。

中国の文化大革命時代の話で、ヒロインがひどいことを言われたりします。例えば英語だったら、motherfucker という罵倒がありますね。「お母さんを fuck する奴」という意味で、最高度に貶《おとし》める言葉です。本人だけよりその母親を巻き込む方が悪口としては悪質なんですね。日本語だと、「おまえの母ちゃん、出べそ」という古典的な悪態がありますが、おどけた感じが強く、名誉にかかわる侮辱というほどではない。しかし中国では、本人より姉や母まで貶《けな》す言葉の方がひどいし、さらに悪いのは、お祖母ちゃんを貶める言葉で、さらに悪いのは、ひいお祖母ちゃん関係の罵倒だと（笑）。家系を遡るほど侮辱の度合いが上がる、ということを中国出身の学者に教わりました。ちなみに、しばらく前、サッカーのワールドカップで、フランスの選手がイタリアの選手を頭突きして退場させられる事件がありましたが、あれは、自分のお母さんやお姉さんを深く侮辱する悪態をつかれたからだ、と言われています。

理屈としてはわかりましたが、実際、作中で great-grand-motherfucker のような語に出くわすと、一体どう日本語にしたらいいのか、非常に悩みました。字句通りの意味をとるのか、意味は後回しにして、「罵り語」らしい形にするのか。

それからもう一つ訳しにくいのは、アイロニー、皮肉ですね。これも字面だけ訳しただけでは伝わらないことがある。たとえば、『アマデウス』というモーツァルトの生涯を描いた映画のなかで、「A good Story.」と、モーツァルトが言う場面があります。文字通り訳せば、「よく出来たお話ですね」。でも、字幕では「嘘つけ！」となっていました。映画字幕は一瞬にして観客に含意を理解させる必要がありますから、思い切って、言外《げんがい》の真の意味を訳出したのでしょう。しかしこれでは、ずばり言いすぎていて、嫌味や皮肉ではなくなっている。字幕翻訳の苦労を実感する一幕でした。

◆作戦その1

では、ちょっと具体的な訳例を見ていきます。

In sorting Kelp / Be quick to help.

ライト・ヴァース（滑稽詩）を書いたエドワード・ゴーリーという絵本作家の『雑多なアルファベット』（柴田《しばた》元幸《もとゆき》訳）に出てくる詩です。字面だけ訳したら、どうなりますか？ Kelpというのは「海藻」のことです。sortというのは、パソコンでも「ソートする」と言いますが、選《よ》り分けることですね。英文和訳すれば、「海藻を選《よ》り分ける際には、さっさと手

伝いなさい」となります。さて、訳すにあたってどこが気になりますか？　と問うと、

「help と kelp で韻を踏んでいるので、どうしようかと悩みました」

と答えた受講生がいましたが、そのとおりです。脚韻という形式を日本語でもなにかに移し替えないといけない気がしてきますね。訳者の柴田元幸さんはどうしたかと言うと、「昆布選《よ》るなら寄りあって」と、ダジャレを取り入れた標語風に訳されています。

「あれっ、be quick はどこに行ってしまったの？」と思うかもしれません。確かに、どこにあるのかと訊《き》かれたら、「ここ」と具体的に指し示せませんが、訳文全体のスピード感で表しているとも言えます。「じゃあ、「寄りあう」って、原文のどこにあるんですか？」と訊かれたら、それも一言では答えにくい。これも先ほど言った、全体の効果のためには「リンゴをミカンに替える」という方法の一つかもしれません。

◆作戦その2

では、次に、もうひとつ詩の翻訳を例にとります。ジャン・コクトーの「耳」という非常に有名な一編です。フランス語の原文を英語に直訳すると、こうなります。

Mon oreille est um coquillage / Qui aime le bruit de la mer.
↓
My ear is a shell / which loves the noise of the sea.

なんとなく味気ないですね（笑）。日本では、こう訳した人がいます。「わたしの耳は貝の殻／海の響きを懐かしむ」。詩人の堀口大學《ほりぐちだいがく》の訳です。

前半の「わたしの耳は貝の殻」は直訳的ですが、後半の「海の響きを懐かしむ」、ここが圧倒的に違うのですね。でも、原文をよく見てみると、フランス語は「Qui aime」とありますね。aime、英語で言うとlike, loveに当たるような単語ですから、「好き」「愛する」ということで、「懐かしむ」というニュアンスはありません。それから、bruitという語は「響き」と訳されていますが、英語でいうと、soundというよりnoiseに近い言葉のようですね。生活の中の「雑音」とか「ざわつき」。だから、「海の美しい調べ」というより、むしろ海のざわざわした音が好きだと言っているのでしょう。

しかしながら、堀口大學は「海の響きを懐かしむ」と訳している。「訳文の方が美化されているんじゃないか？」「原文に忠実じゃないのでは」といった疑問も出ると思うんです。

しかし、ここで「愛する」ではなく「懐かしむ」という訳語を当てたことで、時間的な、距離的な遠さが暗に表現された。「懐かしい」というのは、今ここにmissing（欠けている）ということですから、なにか失われたもの、遠くにあるもの、今触れられないものを暗示します。時空間の奥行きがここに生まれていますね。『英語のたくらみ、フランス語のたわむれ』（斎藤兆史・野崎歓著、東京大学出版会）で言及されています。

アメリカの翻訳学者の第一人者であるデイヴィッド・ダムロッシュはこう言っています。

「世界文学とは、翻訳していっそう豊かになる文学作品のことだ」

日本の作家・安部公房もこんなことを言っています。

「よく文学の翻訳は歩留りよくて八十パーセントだと言われるが（……）これまで翻訳小説に接して翻訳だという理由で飽き足らなさを感じた経験は一度もない。すぐれた小説はつねに小説としてすぐれているし、つまらない小説はつねに小説としてつまらないのだ」

◆作戦その3

では、最後は、日本の定型詩の英訳です。

How still it is here——
Stinging into the stones,
The locusts' trill.

ドナルド・キーン訳『おくのほそ道』（講談社学術文庫）より引きました。これ、原文わかった人いますか？

「閑《しづ》かさや、岩に染み入《い》る蟬《せみ》の声」

そう、正解です。
しかしこの英訳を日本語に訳し戻しても、当然ながら、「閑かさや、岩に染み入る蟬の声」には戻らないですね。翻訳というのは、等価交換のように言われています。A＝B、B＝A。だったら、Bを訳し戻せば元のAになるはずですが、ならないわけです。それが翻訳のトリッキーさなんです。
さて、英訳のstingingというところがまず目を引きませんか。「刺す」という意味ですね。

「染み入る」というより「刺し入る」というような鋭い語感です。英訳を読んでどんな印象をもちますか？　と問いかけると、

「元の俳句と別物みたいですが、全体に詩的な感じを受けます」

「なんとなく、トーンに（元の俳句と）相通じるものを感じました」

などの回答がありました。英訳は五・七・五の音節になっているわけでもなく、どこに俳句らしさがあるのか指摘しがたいのに、なにかエッセンスが写されているのが不思議ですね。

locust という訳語はどうでしょう？　英語にも、cicada というセミを指す単語はありますが、一般的には、locust と言うことが多いんですね。locust には、イナゴやバッタなども入ります。セミとイナゴとバッタとあまり区別をしていない。なぜかと言えば、セミを風物詩として特別視する風習がない。「夏休みに幼子が虫取り網で捕まえにいく」という愛《いと》おしいイメージを伴わないし、セミの声に聞き入るという習慣も一般にはないですね。イギリスからの観光客を夏、お寺に連れていって、「どうです、この蟬時雨《せみしぐれ》」などと言っても、「なに？なにを聴けばいいの？」となるかもしれません。セミのしぐれ（音楽）は、だれにでも聞こえるとは限りません。だから、キーン氏はここで、より日常的でわかりやすい locust という語を選んだとも考えられます。

逆に、日本語でなじみがない表現もありますね。たとえば、blue twilight。青い夕闇。日本人には、夕闇ってあまり青く見えないんじゃないでしょうか。暮れ方の空を「薄墨を流したような」とは表現しますが、青にはなかなか見えないかもしれません。わたしも英語の本の中で何度もこの blue twilight に出会っているうちに、修行によってやっと青く見えるようになってきました（笑）。イマジネーションというのは、一つの文化が作り上げるものすごく複雑な統合体です。詩というのは、茫洋《ぼうよう》としたイメージの中から、言葉が小さく結晶して出てくるものだから、よけいに訳すのがむずかしいのですね。

第六章　ジョージ・バーナード・ショー『ピグマリオン』
――「完璧すぎる英語」を訳すと、「イライザの痛み」がわかる

◆あらすじ

映画「マイ・フェア・レディ」の原作。貧しい花売り娘のイライザ・ドゥーリトルは、みすぼらしい身なりや下町の訛《なま》りのせいで、世間に蔑まれていた。あるとき、街中で音声学の教授ヒギンズに出会う。彼は人間のランクとはその人の話す言葉で決まると考えており、友人となるピカリング大佐に、「三か月で花売り娘を公爵夫人に仕立ててみせよう」と宣言する。

こうして始まったレッスンの結果、イライザは風貌と話し方が貴婦人然としてきただけではなく、自分の能力に自信がもてるようになる。しかしヒギンズはいつまでも彼女を見下し、横暴な態度をとりつづける。イライザはとうとう彼の態度に怒りを爆発させ、友人のフレディーと結婚すると言って、家を出ていってしまう。最後はヒギンズの苦い哄笑《こうしょう》で終わる*。

「ピグマリオン」とは、ギリシア神話に出てくるキプロス島の王。現実の女性に失望して、理想の女性の彫像を作り、それに恋するようになった。「ピグマリオン・コンプレックス」

とは、自分の作りだした像を愛するようになることを意味する。

＊ミュージカル版「マイ・フェア・レディ」や、さらにそれを元にした映画版では、イライザが戻ってきてヒギンズと一緒になるというハッピーエンドに変更されている。

◆指示文

戯曲ですので、ト書き以外に地の文がなく、セリフだけで成り立っています。

この場面の登場人物は、イライザ（ライザ）・ドゥーリトル、ヒギンズ教授、そして言語学者のピカリング大佐、ヒギンズの母親、そしてイライザの強欲な父アルフレッドの五人です。ヒギンズの態度に憤るイライザをピカリング大佐がなだめて、「それでも、教授はあなたに正しい言葉づかいを教えてくれたではありませんか」と言い、それにイライザが応えるところから始まります。いまのイライザは非常に整った英語を話しますが、彼女の来た道や心の痛みをくみとりながら訳してください。また、実際の舞台で台本に使われることを意識し、役者が口にするセリフとして、文語調になりすぎていないか、逆に乱暴すぎないかなど、自分でも声に出して確かめながら訳文作りを。人はどのようにして花売り娘からレディとなりえるのかという、本作中でも有名なイライザのセリフも出てきます。では、どうぞ！

『ピグマリオン』課題文

PICKERING. No doubt. Still, he taught you to speak; and I couldn't have done that, you know.

LIZA. [*trivially*] Of course: that is his profession.

HIGGINS. Damnation!

（翻訳箇所は以下から）

LIZA. [*continuing*] It was just like learning to dance in the fashionable way: there was nothing more than that in it. But do you know what began my real education?

PICKERING. What?

LIZA. [*stopping her work for a moment*] Your calling me Miss Doolittle that day when I first came to Wimpole Street. That was the beginning of self-respect for me. [*She resumes her stitching*]. And there were a hundred little things you never noticed, because they came naturally to you. Things about standing up and taking off your hat and opening doors—

PICKERING. Oh, that was nothing.

LIZA. Yes: things that shewed you thought and felt about me as if I were something better than a scullery-maid; though of course I know you would have been just the same to a scullery-maid if she had been let into the drawing room. You never took off your boots in the dining room when I was there.

PICKERING. You mustn't mind that. Higgins takes off his boots all over the place.

LIZA. I know. I am not blaming him. It is his way, isn't it? But it made such a difference to me that you didn't do it. You see, really and truly, apart from the things anyone can pick up (the dressing and the proper way of speaking, and so on), the difference between a lady and a flower girl is not how she behaves, but how she's treated. I shall always be a flower girl to Professor Higgins, because he always treats me as a flower girl, and always will; but I know I can be a lady to you, because you always treat me as a lady, and always will.

（第五幕より）

◆花売り娘の言葉を訳すには⁉

貧しい花売り娘が言語学者の教育を受けて、洗練されたレディに生まれ変わる。映画の中では、イライザが上流の英語をマスターすべく、ヒギンズ教授の特訓を受ける場面で、こんな例文を練習します。有名なシーンです。

The rain in Spain stays mainly in the plain.

この例文を読んで気づくことはなんでしょうか？「ai(ay)」という綴《つづ》りが多いですね。全部韻を踏んで、言葉遊びのようになっている。ロンドンの下町のコックニー訛りのあるイライザはこの発音「ai」の発音が苦手なのです。彼女が話すと、「エイ」ではなく「アイ」に近い発音になってしまう。rain なら「レイン」ではなく「ライン」のように。

また、作品冒頭あたりで、イライザのセリフを発音通りに書き記す場面がありますが、こんなふうになります。

① "Cheer ap, Keptin; n' baw ya flahr orf a pore gel."

ちょっとなにを言っているのかわかりませんね。イライザとしては、こう言っているつもりなのです。

②"Cheer up, Captain: and buy a flower off a poor girl."
「だんなさん、しょげてないでさ、かわいそうな娘から花買ってよ」

おもしろいのは、①の文章を読んだイライザ本人が、「なんだこりゃ、ちゃんとした英語じゃないから読めないよ」と言っていることです。本人は②のように言っているつもりですからね。

方言や訛りをどう訳すかという問題は、古今東西、翻訳者の悩みの種です。翻訳というのは、原文をおおむね「等価」の訳文に置き換える作業とされています。ジョークだったら、原文と同じぐらい笑えるのが理想だし、原文が故意にものすごく難解な書き方をしているなら、そのわかりづらい文体を訳文でも写す必要があります。

では、方言や訛りというのは、なにをどのように写せば翻訳したことになるのか。たとえば、ロンドンのコックニー訛りを東京の江戸っ子言葉に置換してみようというのも、ひとつのアイデアです。過去の戯曲の翻訳を例に出すと、ロシアの田舎を舞台にしたアントン・チェーホフの「結婚申込」には、東北弁訳や、熊本弁訳があります。後者をちょっと引用してみましょうか。

ナターリヤ　お話ちゅうすまんばって、いま〈うちの雄牛原〉と言いなはったですか……あそこがお宅の土地ですの？

ローモフ　ぼくんとこですばい……

ナターリヤ　まあ、きつか冗談！　雄牛原はうちの土地ばい、お宅ンじゃなかですよ！

（牧原純、福田善之訳「結婚申込」『結婚、結婚、結婚！』群像社より）

ナターリヤの威勢のよさが伝わってきますね。ちなみに、わたしは、方言や訛りは文化や社会や歴史を背負うものなので、他言語を完全対応させるのはむずかしいという考えから、「どこにもない架空の方言」を作りだして訳すようにしています。訳し方の方針や技法に正解はありません。どう訳すか、みなさん、考えてみてください。

また、イライザにはこんなセリフもあります。

"I called him Freddy or Charlie same as you might yourself if you was talking to a stranger..."

「知らない人に話しかけるのに、フレディーとかチャーリーとか使うじゃん、そういうことだよ」

「あれっ、you was じゃなくて、you were じゃないの?」と思うでしょう。これはイライザだけでなく町の庶民も使っていますが、she don't know と同じような、簡便な口語表現です。

こんなカジュアルな英語を話すイライザは、ヒギンズのもとで発音、文法、語彙などの猛特訓をし、上流のクイーンズ・イングリッシュを習得していきます。では、課題文の一行目から見ていきましょう。

◆言葉の違いによる階級意識

作品の舞台である二十世紀初頭のイギリスは、社会の階層によって話す言葉がはっきり違っていましたから、言語と結びついた階級意識がきわめて強くありました。しかしイライザ

は、

「そんなこと（言葉を習うこと）は、流行《はや》りのダンスを覚えるようなものです。それ以上のものではありません。ならば、わたしの真の教育はどこに始まったと思います？」

と、いきなり、言語教育を軽んじるようなことを言い出します。さらっと口にされますが、非常に重いセリフです。イライザの人生がかかっていると言ってもいい。事実、イライザは発音と言葉づかいを洗練させることで、社交界の仲間入りができたのです。映画版では、彼女が上流の舞踏会にデビューをすると、彼女と話した人々は陰でこそこそ噂《うわさ》しあいました。アクセントでお里が知れてしまったのでしょうか？　ある意味、まったく逆のことが起きました。彼女の話す英語があまりに完璧なので、これはイギリス人ではないだろう。きっと外国のプリンセスに違いない、ハンガリーの王女だ、と主張する人が現れたのです。

どんな言語でも、ネイティヴ・スピーカーが話すと、どこかにくだけた表現や発音が出てくるもので、むしろネイティヴの言葉には、くつろいだ不完全さがあります。

しかしイライザにとって、正統な上流の英語は外国語も同然です。習いたてのダンスのように、神経をはりつめていなくてはなりません。ですから、次に挙げるような、くつろいだ、はすっぱな感じに訳すのは、似つかわしくないかもしれません。

「花売り娘と本当のちゃんとした女との違いはさあ、どんな風にふるまうかじゃなくて、どんな風な扱いを受けるかだな。あたいはあの先生の前じゃ、花売り娘だよネ。」

活きがいいですね。花売り娘の頃の彼女ならまさにこんなふうに話したでしょう。本作の後半に見られるイライザの完璧な英語には、上品さ、美しさと同時に、どこか痛ましさがわたしには感じられます。しかしこれだけ苦労して身につけた貴婦人の英語を、イライザは「こんなものはなんでもない」と一蹴してみせるのですね。ここに、「わたしは教授の操り人形ではない」という、彼女の矜持《きょうじ》が感じられます。イライザにレディへの一歩を踏み出させたのは、自尊心（self-respect）でした。なぜそれが芽生えたのかというと、こういうことです。

「あなた（ピカリング大佐）は私がこのウィンポール街にやってきたあの日、ミス・ドゥーリトルと呼んでくださいました」

人の呼び方も、その人の社会的なポジションや、呼ぶ側と呼ばれる側の関係を表す重要なものです。上流のレディに対して、最初からファーストネームで「イライザ」、いわんや、その略称の「ライザ」と呼ぶことはあり得ません。ピカリング大佐がファーストネームではなく、「ミス・ドゥーリトル」と、姓に敬称をつけて呼びかけると、彼女は目を白黒させて、「あー、あー、おう、おー」と原始人のような意味不明の声を発してしまいました。言葉のアーティキュレーション（明瞭で歯切れの良い発話）も階級を表すもので、このようにぼそぼそ、もごもごした不分明な話し方も、育ちを疑われてしまう要素なのです。

◆目から鼻に抜けるような訳文を

それから大佐はちょっとしたことでも、イライザに敬意をもって接してくれます。たとえば、

Things about standing up and taking off your hat and opening doors—

これはすべて、女性を礼儀正しく迎えるときの動作ですね。たんに「立ち上がって帽子を

とり、ドアを開けて……」ではなく、「出迎えのときには、立ち上がって帽子をとり、ドアも開けてくださり……」などと少し補ってもいいかもしれません。大佐は「なんでもないことだ」と言いますが、そうして大佐が敬意を態度で示すようすを、イライザは次のように表現します。

Yes: things that shewed you thought and felt about me as if I were something better than a scullery-maid;

＊ shew は show の古語。

「いいえ、そうしてあなたは一介の台所女中のようなわたしを、ひとかどの婦人であるかのように扱ってくださったんです」

as if... の節で、I の be 動詞に were が来ています。「あれっ、was じゃないの？　また文法間違い？」と思うかもしれませんが、「仮定法過去」の用法中では、人称に関係なく be 動詞に were を使うのが正式でしたね。冒頭あたりで、if you was talking などと言っていた彼女ですが、ずいぶん洗練され、正統な英語を使うようになりました。

ここで出てきた仮定法過去とは、事実に反すること、可能性がきわめて低い、または、あってほしくないと話者が思っていることなどを表すときに使う用法です。つまり、イライザはまだ自分のことを本物のレディではなく、台所女中のような分際だと考えていることがわかります。少し訳しにくいかもしれませんが、「あなたはわたしを台所女中以上のなにかであるかのように思ったり感じたりしているのを示してくださり……」なんて訳すと、いきなり意味不明瞭な、頭の中がこんがらがった人のようになって、イライザの人物造形がそこなわれてしまいますから、注意が必要です。目から鼻に抜けるようなすっきりとした訳文に仕上げてください。

◆気高い、哀《かな》しみの木霊《こだま》

現在のイライザは明瞭な発音で、理路整然と話します。話し方は教授のレッスンによって作られたものですが、そうするうちに思考の仕方も変わったのですね。そして、いまとなっては、もう昔の喋《しゃべ》り方にはもどれないと言っています。とすると、イライザはヒギンズの調教によって「成長」したと言える一方、「言葉の故郷」を失い、アイデンティティの一部を喪失したとも言えるかもしれません。もともとのライザとは違う人間になってしまった。

ですから、彼女のセリフは、明瞭で、理知的で、レディらしくあるだけでなく、その背後にそこはかとない哀しみや空《うつ》ろさを湛《たた》えていると、非常に良いと思います。かなりむずかしい注文を出していますが、では、課題文のクライマックスのセリフです。もうひとがんばり!

the difference between a lady and a flower girl is not how she behaves, but how she's treated. I shall always be a flower girl to Professor Higgins, because he always treats me as a flower girl, and always will; but I know I can be a lady to you, because you always treat me as a lady, and always will.

ここでイライザは、「レディと花売り娘の違いは、本人がどう振る舞うかではなく、どう扱われるかなのです」と言っていますね。and always will と繰り返されているところが、訳しにくいかと思います。教室での訳例をひとつ挙げましょう。

「ヒギンズ教授にとって私がいつまでも花売り娘なのは、あのかたが私を花売り娘のようにしか扱わないからです。いまも、そしてこれからも。でもあなたの前では貴婦人になれます。それは、貴婦人として扱ってくださるからです。いまも、そしてこれからも」

「いまも、そしてこれからも」という言い回しの反復は、リアリズム小説ではちょっと馴染《なじ》まないかもしれませんが、今回は戯曲で、役者が舞台で口にすることを意識してもらいました。たとえばこれを、「ヒギンズ教授の前では、わたしはいつまでも花売り娘でしょう。教授はわたしを花売り娘のようにしか扱ってくれないし、それは今後も変わらないだろうからです。一方、あなたの前では……」などと一語一句だらだら訳すより、「いまも、そしてこれからも」と、コンパクトに繰り返す方が、舞台では映えるのではないでしょうか。イライザの心の哀しみと空ろさも、この木霊のような反復によって伝わるように思います。

第七章　ヴァージニア・ウルフ『灯台へ』

――「毛糸の色の違い」を訳すと、「まなざしの移ろい」がわかる

◆あらすじ

物語の第一部は、第一次大戦の直前の頃に始まる。八人の子をもつラムジー夫妻は、スコットランド西のヘブリディーズ諸島にある別荘で毎夏を過ごしている。湾のむこうには、大きな灯台がそびえ、まだ六歳の末っ子はそこへ行ってみたくて仕方がない。「明日お天気なら行きましょうね」と優しく約束する母。かたや、「天気は下り坂だ」と興ざめなことを言う哲学教授の父。ひとけのない別荘を描写する第二部は、まるで風が語るような文体で時の推移を描き、第三部で灯台行きが実現する。家族と訪問客のやりとり、庭の散策、編み物。大きな出来事は書かれないが、各人の心の中ではさまざまな心の反応や気持ちの移ろいがあり、多くの想念がよぎっては消える。同床異夢《どうしょういむ》の「意識の流れ」をウルフ流の手法で追うモダニズム文学の金字塔。

◆指示文

一九二〇年代から三〇年代の「モダニズム文学」をリードした作家ヴァージニア・ウルフの代表作です。特徴は人物の「意識の流れ」を追う内面描写、そしてそれを三人称多元視点で（複数の人物の目から）書いていることです。地の文であっても、語り手の視点で書かれているとは限りません。つねにだれの視点で書かれているか、だれの言葉で語られているか、その人物の声がどんな風に響いているか、気をつけながら訳してください。課題文Aは翌日の灯台行きについて家族で話しあっている場面。Bはラムジー夫人がいま編んでいる靴下の長さを確かめるために、末っ子の脚にあててみる場面です。そうしながらいろいろな思いが去来しています。

『灯台へ』課題文 A

"But it may be fine—I expect it will be fine," said Mrs. Ramsay, making some little twist of the reddish-brown stocking she was knitting, impatiently. If she finished it tonight, if they did go to the Lighthouse after all, it was to be given to the Lighthouse keeper for his little boy, who was threatened with a tuberculous hip; together with a pile of old magazines, and some tobacco, indeed, whatever she could find lying about, not really wanted, but only littering the room, to give those poor fellows who must be bored to death sitting all day with nothing to do but polish the lamp and trim the wick and rake about on their scrap of garden, something to amuse them.

(第一章より)

『灯台へ』課題文Ｂ

"And even if it isn't fine tomorrow," said Mrs. Ramsay, raising her eyes to glance at William Bankes and Lily Briscoe as they passed, "it will be another day. And now," she said, thinking that Lily's charm was her Chinese eyes, 〈中略〉 "and now stand up, and let me measure your leg," for they might go to the Lighthouse after all, and she must see if the stocking did not need to be an inch or two longer in the leg.

Smiling, for an admirable idea had flashed upon her this very second—William and Lily should marry—she took the heather mixture stocking, with its criss-cross of steel needles at the mouth of it, and measured it against James's leg.

"My dear, stand still," she said,...

（第五章より）

◆文体の特徴

この章では、複数の視点をもつ「三人称多元視点文体」の訳し方を考えます。ここまでの各章で扱ってきた作品は、『ライ麦畑でつかまえて』のように一人称文体のものか、『不思議の国のアリス』のように三人称文体でもほぼ一人の視点から書かれたものか、『嵐が丘』のように語り手が人物の内面描写に踏みこまないものか、『ピグマリオン』のような戯曲か、でした。視点が語り手から人物の内面へ、また別な人物へと移動していく作品は本作が初めてだと思います。

AとBの課題文の両方に出てくるのが、ラムジー夫人という女性です。高名な学者との間に、数学者志望の長男、適齢期の長女から、末っ子の男児まで、八人の子を持つ五十代の主婦ですが、これが仰天するような美人とのこと。現在も、若手研究者に恋心を寄せられ、中年の独身男性にも崇拝されるなど、もてもてです。おしゃれのセンスもよく、料理はプロ並みで、さらに子育てが一段落したら、事業を展開して社会貢献したいと願い、現代の女性誌の表紙を飾りそうな〝リア充〟ぶり。それでも、「自分は家族のために尽くす以外からっぽだ」と悩んだりします。

本作には、旧世代と新世代の入れ替わりが描かれています。新世代を代表する女性は、自立した画家の卵であるリリー・ブリスコウ、旧世代を代表するのが、ラムジー夫人ですが、現在読むと、ラムジー夫人のほうが今風に見えるかもしれません。このふたりの女性を中心として、視点が多くの人物に移っていきます。

◆語り手の特権

では、課題文Aの出だしを見てみましょう。...said Mrs. Ramsay, making some little twist of the reddish-brown stocking she was knitting, impatiently. と出てきます。この前段で、夫が「明日は雨じゃないか」と興ざめなことを言うので、ラムジー夫人は気にさわったのですが、最後の impatiently がなかなかくせものです。

ここでは、ラムジー夫人のようすが語られています。編み物をしている手元の描写が、「赤茶色の靴下をちょっとねじるようにして」と、やや粗めなので、少し離れて見ている感じがします。では、だれが見ているのか。夫のラムジーはテラスをうろうろ歩いていて、妻のことは見ていません。近くにいる末っ子のジェイムズの視点でもありません。強いていえば、語り手が見ているのですね。

夫人のセリフを修飾するこの impatiently をほとんどの人が、「苛立《いらだ》たしそうに」「怒ったように」などと、見た目の表現として訳します。これはどうしてでしょうか。「むっとして」「頭にきて」ではいけないでしょうか？　「〜そうに」「〜ように」と言うと、「外からはそう見えるが中身はわからない」という含みがありますね。だったら、語り手が、「少なくともわたしの目には、夫人は苛立ったように見えるんですが」と、言っているのでしょうか。この語り手には、登場人物の気持ちを知ることができないのでしょうか？——少なくともこの場面では、そんなことはないと思います。

基本的に、三人称であっても、小説の語り手は登場人物の心のなかをのぞいて代弁する特権を与えられています。その特権を行使するか否かは作者の考えや作品のスタイルによって変わってきますが、ともあれ、感情をあらわす副詞を毎回毎回、「〜そうに」「〜ように」と訳す必要はありません。本作のこの箇所であれば、（夫の興ざめなことばに）「たまりかねて」「焦《じ》れて」「苛立ちをあらわにして」などと訳してもいいと思います。あるいは、「〜と言う夫人の声には苛立ちがにじんでいた」などと訳す方法もありますね。

ほかにも、angrily, happily, nervously などの副詞は、「怒ったように」「幸せそうに」「神経質そうに」ではなく、場合によってはそれぞれ、「腹立ちまぎれに」「充ちたりて」「緊張しながら」などと訳してもいいと思います。

「〜そうに」「〜ように」という訳語を選びたくなるのは、おそらく日本語の性質も関係しているのだと思います。英語が「主語＋動詞＋目的語／補語」という文章構造を基本的に維持する一方、日本語は「だれがだれに向けて話しているか」という〝視点と方向〟を特定することで、文章が成立します。そのため、「神のような何者かがすべてを見てとり、不特定の読者に向けて語る」という文体で書くと、軽い不安定感や抵抗感が生じるのかもしれません。ちなみに、夏目《なつめ》漱石《そうせき》は、作者、語り手というのは小説のなかに遍在するのであり、他人の心の中なんかわかるかと言われても、それがわかるのが小説の語り手なのだ、以上おしまい、というふうに断言しています。

◆じょじょに「声」が強くなる

その後は、If she finished it tonight, if they did go to the Lighthouse after all, it was to be given to the Lighthouse keeper for his little boy, と続いています。「今夜、靴下を編み終わって、ついに灯台行きが実現したら、これは灯台守にあげ、坊やに使ってもらうつもりだ」ということですね。who 以下で、坊やがどんな病状にあるかを説明しています。その後に、；together with a pile of old magazines, and some tobacco, とセミコロンを打っていますが、セミコロンには前の文の補足をする働きもあります。「靴下といっしょに、古雑誌もひと山、たばこも少しあげよう」と次々に思い浮かんできたように付け足しているのです。この思いつきは止まらず、indeed, whatever she could find lying about, not really wanted, but only littering the room,「もっと言えば、そのへんにころがっているもの、大して要りもしない、部屋を散らかしているだけのものは、なんでもあげてしまおう」と続きます。

どうしてそうした物をあげるかというと、to give those poor fellows who must be bored to death sitting all day with nothing to do but polish the lamp and trim the wick and rake about on their scrap of garden, something to amuse them.「ランプ磨きと……ぐらいしかすることがなく、日がな一日、死ぬほど退屈しているに違いないあの気の毒な一家に、せめてもの娯楽を提供しよう」という気持ちからです。

だらだらと付記が続いて、なんだか計画性のない書き方に見えるかもしれません。しかし、このように考えをどんどん後出しにしてきているのは、語り手ではなく、ラムジー夫人なのです。彼女の意識の流れを追い、その流れを模した文体になっています。人間の意識というのは、整然と流れていくものではありませんよね。

そうして文章が進んでいくにつれ、だんだん語り手がラムジー夫人の声を代弁するようになる、あるいはラムジー夫人の声が地の文に響いてくる感じがしませんか？

◆会話と地の文がくっつく

人物の声が地の文に浸みこんでくる例は、課題文Bにもあります。

… "and now stand up, and let me measure your leg," for they might go to the Lighthouse after all, and she must see if the stocking did not need to be an inch or two longer in the leg.

「ちょっと立って、靴下を脚に当てさせてちょうだい」と、ラムジー夫人が末っ子に言っています。そのセリフの後、すぐに for～と始まっていますね。この for は前文を受けて、「なぜこう言うかというと」という補足説明です（この用法は第三章も参照）。「だって、結局灯台へ行くことになるかもしれないし、（灯台守の子にあげてみたら）一、二インチ長さが足りないというのでは困るから、事前に確認しないと」ということです。

本来であれば、セリフがだれの発言かを示す she said などの〝スピーチタグ〟でいったん会話文を締めた後に、She should do it right away, for... などと、独立したセンテンスで始めるところでしょう。それがここの箇所は、セリフに地の文がじかに接続し、一体化しているのですね。言い換えれば、地の文がセリフの一部のようになっている。こういうところにも、登場人物の声はうっすら響いてきます。

こうした話法(自由間接話法)については、第十章でくわしく見ようと思います。

◆毛糸の色が変わる?

本作には編み物の場面がたくさん出てきます。第一部の間、ラムジー夫人がずっと編んでいるのは、**a reddish-brown stocking** です。赤みがかった茶色、赤茶色の靴下ですね。ほとんどの場面では、**reddish-brown** と描写されていますが、例外的に課題文Bのような箇所もあります。

ラムジー夫人が「明日晴れなくても、またの機会があるんだから」と、末っ子をなだめつつ、そこで窓の前を通りかかった客人のウィリアム・バンクスとリリー・ブリスコウに目をとめ、リリーの魅力に改めて思い至り、その一方、靴下の長さを確かめようとしますが、その瞬間、このふたりの縁談を思いつき、そうしながら靴下を末っ子の脚にあてます。セリフ、動作、それと関係ない視線の動きや想念が同時に書きこまれているので、注意深く読んでくださいね。

she took the heather mixture stocking, with its criss-cross of steel needles at the mouth of it, and measured it against James's leg. とあります。さっきまで「赤茶色の」と表現されていた靴下が、ここでは「ヘザー色の混紡の」に変わっています。heatherというのは、北イングランドなどに見られる「ヒース」のことです。ヒースとは、紫、白、ピンク、黄色などの釣鐘形の花の咲く常緑低木、またはこの花の咲く山野や荒野を指します。『嵐が丘』にも出てきましたね。夫人が編んでいるのは、これらへザー色の入り混じった混紡毛糸だというのですが、「赤茶色」とずいぶん色合いのイメージが違いませんか。

「さっきは夕方で夕陽が射していたので赤っぽく見えたのではないか？」といった意見も翻訳講座では出ましたが、昼間でも夜更けの場面でも「赤茶色」と表されているので、そういう理由ではなさそうです。さっきの場面との違いを言うと、課題文Aでは夫と会話をしたり、ハサミと紙で遊んでいる末っ子を見守ったり、考え事をしたりしながら編んでいましたね。編んでいる手元を本人は見ていません。課題文Bでも考え事や会話はしていますが、先ほどと違うのは、靴下を息子の脚にあてがって、じっくり眺めているということです。講座でここまでお話ししたときに、こういう意見が出ました。

「あっ、距離が関係あるんじゃないですか……離れて見ると赤茶っぽいけど、近くで見ると混紡でいろんな色が混じった、ヘザー色の混紡だとわかる」

そのとおりだと思います。クローズアップで見たら、じつは単色の毛糸ではなく、何色も混じったヘザー色なのでしょう。それまでは、少し距離をとった視点から描写していたので、色が混ざりあって赤茶っぽく見えていた。でも、それがいまは〝ヘザー・ミクスチャー〟に見える。ということは、だれかの視線がそこに移動し、その人物の目を通して見ているということではないでしょうか。その人物とは、ラムジー夫人ですね。

編み物に精通したラムジー夫人の目を通すから、毛糸は「ヘザー色の混紡」に見えるのです。これが、天才哲学者でも実生活のことにはうといラムジー氏だったら？　庭の花々もたんなる色の混合に見えるような人ですから、いくら靴下を近くで見ても、「ヘザー色の」「混紡」などと認識できないでしょう。「毛糸」だと認識できるかすらあやしい。せいぜい「色が混じった何物か」にしか見えないと思います。

◆人は知っている色しか見えない

人は知っている言葉でしか考えられない、それを通して世界を見るしかないという面があります。では、ためしに、ラムジー夫人ではなくラムジー氏が靴下を見ることになる場面を引きますので、訳してみてください。ラムジー宅での晩餐会《ばんさんかい》が終わり、夜更けに、夫妻が水入らずの時間をすごしている場面です。美しい夫人は夫が自分に見とれていることをじゅうぶん承知のうえ、編みかけの靴下をもって立ちあがり、夫の視線を感じながら窓辺に行きます。ラムジー氏の見た毛糸の靴下はヘザー色の混紡にはなりえず、ぼんやりとした赤茶色の塊のままでしょう。この愛妻家は毛糸になじみも興味もないだけでなく、その目は絶世の美女たる妻にばかり向いているのですから。

『灯台へ』課題文C

For she felt that he was still looking at her, but that his look had changed. He wanted something—wanted the thing she always found it so difficult to give him; wanted her to tell him that she loved him. 〈中略〉 Getting up she stood at the window with the reddish-brown stocking in her hands, partly to turn away from him, partly because she did not mind looking now, with him watching, at the Lighthouse. For she knew that he had turned his head as she turned; he was watching her. She knew that he was thinking, You are more beautiful than ever. And she felt herself very beautiful. Will you not tell me just for once that you love me? （第十九章より）

第八章　ジェイン・オースティン『高慢と偏見』
——「紳士淑女の敬称」を訳すと、「ご近所さんの見栄」がわかる

◆あらすじ

五人姉妹をもつベネット家の近隣「ネザーフィールド・パーク」屋敷に借り方がついた。引っ越してくるのは、チャールズ・ビングリーという裕福でハンサムな独身男性。優しくて人当たりも良く、社交界の人気の的だ。ベネット夫妻は娘のだれかを彼のもとに嫁がせようと躍起になる。長女で美人のジェインがパーティで彼に見初められ、親しくつきあうようになるが、ふたりを引き離そうとする彼の妹たちから横槍《よこやり》が入る。一方、ビングリーの親友フィッツウィリアム・ダーシーは大した資産家の跡取りで容姿も抜群だが、高慢な物言いと態度で人々に嫌われている。彼はベネット家の勝気な次女エリザベスに疎まれながらも、愛するようになる。適齢期の男女が恋のさや当てを繰り広げつつ、高慢と偏見、虚栄心と疑心をすてて、真の愛情を見出すまでのコミカルで意地悪で心にしみる〝結婚狂騒曲〟。

◆指示文

イギリス上流社会の生活と結婚にまつわる騒動を描いた『高慢と偏見』。恋愛結婚小説の元祖であり決定版ともいえるでしょう。のどかなイメージがあるかもしれませんが、実は鋭い批評性を兼ね備えた辛辣な社会風刺小説でもあります。

課題文は、ビングリーの屋敷での舞踏会の翌朝です。合コンや婚活パーティの後の、女子メンバーとお母さまによる「反省会」というところですね。表面上は上品ですが、隠れたいやみや、〝マウンティング〟の雰囲気を訳出してください。人物の敬称・呼称などにも注意を払いましょう。

『高慢と偏見』課題文

Lady Lucas was a very good kind of woman, not too clever to be a valuable neighbour to Mrs. Bennet. —They had several children. The eldest of them a sensible, intelligent young woman, about twenty-seven, was Elizabeth's intimate friend.

That the Miss Lucases and the Miss Bennets should meet to talk over a ball was absolutely necessary; and the morning after the assembly brought the former to Longbourn to hear and to communicate.

"*You* began the evening well, Charlotte," said Mrs. Bennet with civil self-command to Miss Lucas. "*You* were Mr. Bingley's first choice."

"Yes;—but he seemed to like his second better."

"Oh!—you mean Jane, I suppose—because he danced with her twice. To be sure that *did* seem as if he admired her—indeed I rather believe he *did*—I heard something about it—but I hardly know what—something about Mr. Robinson."

"Perhaps you mean what I overheard between him and Mr. Robinson; did not I mention it to you? Mr. Robinson's asking him how he liked our Meryton assemblies, and whether he did not think there were a great many pretty women in the room, and *which* he thought the prettiest? and his answering immediately to the last question—Oh! the eldest Miss Bennet beyond a doubt, there cannot be two opinions on that point."

＊Merynton＝ベネット家が暮らすロングボーン村に近い町。ベネット夫人の生家がある。

（第五章より）

◆あらゆる騒動の元にある「限嗣《げんし》相続制」

『高慢と偏見』の面白みやスリル、酸いも甘いも味わうには、当時のイギリスの社会制度の知識があるていどあるとより良いでしょう。まず押さえておきたい必修単語はentailment「限嗣相続制」ですね。第三章でも軽く触れましたが、もう一度くわしく見ておきます。

これは、相続によって財産が分散していくのを防ぐため、爵位、土地、屋敷など不動産はまとめて、長男（男性の第一子）のみが継ぐという制度です。ヨーロッパの中でもイギリスの貴族は遅くまでこの相続制度を維持していました。

前世紀初頭を舞台にしたテレビドラマ『ダウントン・アビー』や、ミュージカル『ミー＆マイガール』、そして『嵐が丘』などでさまざまな騒動が起きるのも、元はといえばこの制度のせいなのです。男子の跡継ぎのいない家は遠縁などの（ときには見も知らぬ）男性を相続人に立てざるを得ない。しかも、その人物が平民ということもあるのです。本作のベネット家は女子ばかり五人ですから、父の財産は遠縁の男性コリンズが継ぐことになっています。

しかし、次男より下の息子たちに財産を与えず独立させたことで、彼らは自らの才覚を頼みに生きざるを得ず、医者、弁護士、軍人、事業家などとして成功しました。これがイギリスの産業・経済界の発展に寄与し、この国を一時はヨーロッパ一の大国に押し上げたという面もあります。

親も娘本人もなるべく条件の良い男性との縁組を願い、ときには抜け目ない術策と争奪戦が展開するわけですね。

◆登場人物たちは貴族じゃないの？

イギリスの貴族や上流階級は、ランクによって敬称・呼称が細かく決められています。その違いをおさえておくと、登場人物たちの心の動き、やっかみや見下しや憧れが読みとりやすいでしょう。

ベネット家の当主や、ビングリー、ダーシーたちはあくせく働くことなく、お屋敷で華やかな暮らしをしているように見えます。とはいえ、登場人物の大半は正式な貴族（aristocracy/peerage＝爵位をもつ貴族／貴族院の構成員）ではありません。ちなみに、正式な貴族は以下の五つに限られます。上から Duke（公爵）、Marquess（侯爵）、Earl（伯爵）、Viscount（子爵）、Baron（男爵）です。

一方、本作の登場人物の多くが属しているのは、「ジェントリー」と呼ばれる貴族の下の階級です。貴族の爵位はありませんが、土地とそれによる収入のある地主たちです。その中にはさらに四つのランクがあります。本作を読むうえで必要ですので、ちょっと説明しておきます。

①Baronet（准男爵）：四つのうち准男爵のみが世襲可能な称号。十七世紀につくられた階級で、位の所有者への呼びかけは「Sir」。

②Knight（ナイト）：もともと軍の階級を表すものだったが、国王への貢献、功労によって授けられる。呼びかけは同じく「Sir」だが、准男爵と違い、世襲制ではない。

③Esquire（エスクワイア）：「Esq.」と略す。慣習により、法廷弁護士や、ロンドン市長ほか大都市の市長、治安判事などはこの階級とみなされた。呼びかけは「Mister」。

④Gentlemen（ジェントルマン）：一般名詞の「紳士」ではなく、「ジェントルマン」という一つの階級。出自や地位が高く、重要な社会的立場にあり、裕福で、基本的には働かなくても食べられる人たちがジェントルマンとみなされる。呼びかけは「Mister」。

＊だいたい准男爵、ナイトまでがNobility（準貴族）として考えられていた。

とってもややこしい称号と敬称（三人称での）を表にしておきます。とても覚えきれま

〈貴族・ジェントリーの称号と敬称〉

貴族	本人（～ of London）	妻（～ of London）	爵位継承前の長男（John White）	準男爵以下の相手（Brown）と結婚した娘（Mary）
Duke 公爵	Duke	Duchess	Lord London	Lady Mary（ファーストネーム）（Brown）
Marquess 侯爵	Lord London	Lady London	Lord London	Lady Mary（ファーストネーム）（Brown）
Earl 伯爵	Lord London	Lady London	Lord London	Lady Mary（ファーストネーム）（Brown）
Viscount 子爵	Lord London	Lady London	Mr. White（儀礼称号なし）	結婚相手のランクによって、Lady or Mrs. Brown（夫の姓）
Baron 男爵	Lord London	Lady London	Mr. White（儀礼称号なし）	結婚相手のランクによって、Lady or Mrs. Brown（夫の姓）

ジェントリー	本人（Thomas Brown）	妻	継承前の息子	準男爵以下の相手（Green）と結婚した娘
Baronet 准男爵	Sir Thomas（ファーストネーム）（Brown）	Lady Brown（夫の姓）	Mr. Brown（儀礼称号なし）	結婚相手のランクによって、Lady or Mrs. Green（夫の姓）
Knight ナイト	Sir Thomas（ファーストネーム）（Brown）	Lady Brown（夫の姓）	Mr. Brown（ナイトは世襲制ではない）	結婚相手のランクによって、Lady or Mrs. Green（夫の姓）

＊公爵、侯爵、伯爵の長男は爵位継承まで、父より通例一格下の称号を儀礼的に与えられる（儀礼称号）。子爵、男爵にはこの制度はない。

せん！

◆貴族・ジェントリーの称号と敬称

貴族の娘は貴族（公爵、侯爵、伯爵、子爵、男爵）と結婚した場合は、相手のランクと敬称に合わせることになります。

爵位の持ち主との結婚であれば、自分より上でも下でも、レディ・ロンドン（レディ＋地名）と呼ばれることになります。しかし、準男爵以下（平民含む）と結婚した場合（実際によくあることでした）は、生家のランクの呼称（レディ＋自分のファーストネーム）を嫁ぎ先に持っていけるのです。ただし、このように生家の呼称が維持されるのは、公爵、侯爵、伯爵の娘まで。子爵、男爵の娘はそうはいきません。

たとえば、平民からナイトの妻になった女性であれば、レディ・ブラウン（夫の姓が続く）という呼称になりますが、伯爵家からナイトの妻になった女性は、レディ・メアリ（自分のファーストネームが続く）という形になり、あ、この人はナイトの奥さんだが、出自は伯爵家以上だとわかります。フルネームだと、レディ・メアリ・ブラウンです。

子爵、男爵の娘が準男爵以下と結婚した場合は、レディ・ブラウン（夫の姓が続く）となりますので、子爵、男爵の娘との差も見せたいところですね。

レディの後に夫の姓が続くか、自分のファーストネームが続くかで、地位の差がはっきり出るため、ダーシーの叔母で伯爵家の娘であるキャサリンやアンは、そこにこだわりがあります。

しかし、一方、子爵、男爵の娘も、それ以下との区別をしたい。レディ・ブラウンでは、準男爵以下の出自と見分けがつきません、だから、封筒の宛名などには、The Hon. Lady Brown と、The Honourable の略語を付けます。

また、爵位継承前の息子ですが、これは父よりランクが低くなります（大抵一つ下）。公爵の長男なら、多くは侯爵の「儀礼称号」（courtesy title）をもらい、相続時に公爵に格上げされます。なお、儀礼称号の制度があるのは、伯爵までです。その下は Mr. となりますが、子爵、男爵の長男には、宛名などではやはり The Hon. を付けます。

このように公爵、侯爵、伯爵の三ランクは格別な扱いがある貴族。そのなかでいちばん格下の伯爵家の人たちというのは、ドラマや小説では、格式に敏感で、なにかと家名を誇りたがる人たちとして描かれることが多いように思います。

◆それ、ほめ言葉なの、嫌味なの？

では、課題文の一行目から見ていきます。

Lady Lucas was a very good kind of woman, not too clever to be a valuable neighbour to Mrs. Bennet.—They had several children.

ここで、まぎらわしいのは、too～to…（～すぎて…できない）というイディオムをnotで否定している点ですね。多くの人が「ルーカス夫人はとても善良なタイプの女性だったが、あまり賢くないので、ベネット夫人の大切な隣人にはなれなかった」とか「ルーカス夫人は人柄はとても良かったが、ベネット夫人の隣人としてお眼鏡にかなうほど賢くはなかった」という方向で訳していました。ベネット夫人がわざわざ隣人づきあいする価値がない相手だ、ということです。

ずいぶん意地悪な物言いですね。しかしこんなストレートな意地悪はオースティンのスタイルではありません。実際は、意味が逆で、もっと皮肉が効いています。オースティン流の皮肉に惑わされないようにしましょう。世の中の常識とは逆のことを言っているかもしれません。

構文的にいうと、not はそれ以下の部分を丸ごと否定しています。「…するのに～すぎる、ということはない」という意味です。うーん、まどろっこしいですね。前から後ろに、「そんなに～でないので…できる」と訳せば、意味がすっと通ります。つまりここは、「レディ・ルーカスは有益なお隣さんだ」と言っているのです。

えっ、褒め言葉だったの？——いえいえ、そこからもうひとひねり。どうして価値のある隣人かといえば、not too clever だからです。通してずばり言うと、

「レディ・ルーカスという女性はじつに善良で、適度にぼんやりしているので、ミセス・ベネットにとっては重宝な隣人だった」

ということです。明敏すぎると、こちらの誘導を見抜かれたり、隠しておきたいことに気づかれたりするかもしれませんよね。しかし、ほどほどの頭なので、便利な情報源にもなっているのでしょう。この valuable には、「都合の良い」という含意もありそうです。

◆出自、称号、お金、一番ものをいうのはどれ？

当時のイギリスでは、階級意識が強烈ですが、産業革命後に新興の富裕層が生まれ、財力

では貴族を圧倒する家も出てきました。ただし、やはり不動産収入だけで働かず食べていける人々こそが「やんごとない」身分であり、たとえ医師、弁護士、聖職者、大実業家であっても、生業をもつというのは、下目に見られる面がありました。名と実のせめぎあいです。そんなことも頭に入れつつ、読んでいきましょう。

Lady Lucas も Mrs. Bennett も「ルーカス夫人」「ベネット夫人」と、同様に「夫人」と訳している人もいましたが、先ほどの称号と敬称の件を思いだせば、ふたりの呼び方には違いをつけたほうがいいですね。前出の称号の表も参照しながら、読んでください。

ルーカスの奥さんは、Lady Lucas と、「レディ」の敬称がついていますね。貴族階級の侯爵から、ジェントリー階級のナイトまでの妻には、「ミセス」ではなく、「レディ」が付きます。つまり、「レディ」と呼びうるのは、侯爵、伯爵、子爵、男爵、準男爵、ナイトの妻だけ。この差は非常に大事です！　しかしレディの後には夫の姓が続いている。さらに、この場面には出てこないルーカス家のご主人ですが、彼は Sir William Lucas と、「サー」付きで呼ばれています。ここから、身分が「ナイト」以上、貴族未満であることがわかります。事実、ルーカスはもともと商人だったのですが、成功して「ナイト」の称号を手に入れたのです。

一方、ベネットはロングボーンに土地を所有し、年間少なくとも二千ポンド程度の不動産収入があるようです。ジェントリー階級ですが、夫妻の敬称を見ると、Mr. と Mrs. に苗字が続いているので、ナイト未満の身分とわかります。そして、暮らしぶりはというと、ミセス・ベネットは亡父からの四千ポンドの持参金がありますが、家計は楽ではない模様です。

では、ミセス・ベネットが娘の結婚相手として狙っているチャールズ・ビングリーはどうでしょう？　やはり敬称は Mister で、身分的にはほぼ同等ですが、彼の亡父が商業で財を成し、チャールズ本人は年収四千から五千ポンド、父から相続した十万ポンドの財産もあります。また、チャールズの姉妹（未婚と既婚）もそれぞれ二万ポンドの財産を有し、ロンドンの一流の花嫁学校を出ており、ベネット家を下に見ています。

とはいえ、ビングリーの場合、もともとの財源が父の事業収入なので、やや高貴さに欠けるとも言えましょう。十万ポンドの資金も、「父が土地を買おうとしていた資金」であること、「ネザーフィールド荘は借家」である点から、収入や蓄財はかなりあるものの、格式的にはむしろベネット家の下にあたるのでは？　という見方もあります。

だいぶせせこましい話になってきましたが、当時のこの階級にとっては重要なことで、ぜんぶ作中にこまごまと書かれているのです。ついでに言うと、ダーシーは亡父が大地主で、後継者の彼は一万ポンドもの年収があります。とはいえ、敬称は「Mr.」。父から高貴な称号は受け継いでいないことがわかります。しかし母方は伯爵家で、母親はLady Anne（Darcy）、ダーシーにまとわりつく叔母さまは（The Right Honourable）Lady Catherine（de Bourgh）と記されています。Ladyの後ろにファーストネーム（＋姓）が続くのは、伯爵の娘のスタイルですね。アンさんは平民の男性と、キャサリンさんも自分より四ランク下のナイトと結婚しましたが、伯爵の娘が貴族以外と結婚した場合は、先述のように、伯爵の娘の敬称と社会的ランクを維持できるというルールがあるのです。省略なしでフルタイトルをずらずら並べたとしても、見栄を張っているのではないのですよ⁉

結論としては、敬称は「～夫人」「～氏」とぜんぶ同じに訳さず、「レディ」「ミセス」「サー」「ミスタ」などと訳出し、次に続くファーストネームや苗字も、原文のスタイルを踏襲する方が、いろいろな違いや意図が伝わっておもしろいでしょう。

さて、複雑で微妙な上下関係。ベネット家とルーカス家では、身分的にも、経済的にも、ルーカス家のほうが上ですが、商い人からの「成り上がり」ということで、なにかというとミセス・ベネットが〝マウンティング〟してきます。この朝も、ルーカス家のほうから、ベネット家を訪ねる格好になっていますね。

◆相手に言わせる話術

では、舞踏会の翌朝、さっそくライバルへのマウンティングをはかるミセス・ベネットの巧みな話術を見ていきましょう。

"*You* began the evening well, Charlotte," said Mrs. Bennet with civil self-command to Miss Lucas. "*You* were Mr. Bingley's first choice."

「ゆうべはみごとなスタートでしたね、シャーロット」ミセス・ベネットはまずはぐっと堪えて、ルーカス家の長女を立てた。「ミスタ・ビングリーから真っ先にお声がかかったんですもの」

策士はいきなり自分の娘の手柄を吹聴したりしません。自慢するときには、相手を先に褒めます。self-command は「自制心」ということ。抽象的な名詞に形容詞がついていて訳しにくいですが、civil は、内心はともかく「礼儀を守って」「社交辞令で」というニュアンスがあります。儀礼上「相手を立てる」という感じです。すると、シャーロットは素直に引っかかってきてくれます。

"Yes;—but he seemed to like his second better."
「ええ。でもあの方は二番目のお相手のほうがお好みのようでした」

ああ、飛んで火にいる……という感じですね。この言葉をとらえて、ミセス・ベネットはここぞとばかりに、ジェインの「戦果」をまくしたてます。しかし、決定打は、また自分からは口にしません。「なんだったかしら、小耳にはさんだ気がするんですけど、えーと」と、とぼけて、もともとシャーロットから聞いたことを再度言わせようとしています。

"...Mr. Robinson's asking him...*which* he thought the prettiest? and his answering immediately to the last question—Oh! the eldest Miss Bennet beyond a doubt, there cannot be two opinions on that point."

やれやれ、素直なシャーロットはみごとに罠《わな》にはまり、「ベネット家の長女さんがいちばんの美人であることは論をまたないって、ミスタ・ビングリーはおっしゃいましたよ」と言わされてしまいました。

◆根底にある批評精神

作中には、女性の駆け引き、あざとさ、浅慮などがたくさん描かれています。では、本作は女性のそういう部分をあげつらって笑う小説なのかと言うと、むろんそうではありません。オースティンはもっとしたたかで、この時代に露骨なフェミニズム小説を書いたら当然受け入れられず、出版もできませんから、表面下に書くわけです。彼女の作品の根底には、「どうせ男性たちはこんなふうに女性を見ているのではありませんか」という父性社会への批評や皮肉、あるいは、「女性たちがこんなふうに振る舞わざるを得ないのは、どういう社会機構のせいでしょうか」という問いかけ、問題提起もあるかと思います。

オースティンの小説はただ滑らかに訳すだけではなく、「性悪《しょうわる》さ」を意識してください。つまりは、オースティンの批評精神とアイロニーを存分に味わってもらえるといいかなと思います。

第九章　グレアム・グリーン『情事の終り』
——「行間」を訳すと、「男たちの第二ラウンド」がわかる

◆あらすじ

舞台はロンドン市内、時代は一九三九年から一九五三年ごろ。主に第二次世界大戦中からその二年後までを描く。物語は、雨の降る冬の日に、語り手で作家のモーリス・ベンドリクスが、以前不倫関係にあったセアラ・マイルズの夫ヘンリーとばったり再会し、最近、妻が浮気をしているようだと相談されるところから始まる。セアラは一年ほど前のロンドン空襲の日を境に、モーリスの元を去っており、彼は嫉妬に駆られて、探偵にセアラを尾行させ、同時に自分も再び彼女と会うようになる。しかしセアラはこの日の雨が原因で肺炎を患い、三、四週間後に世を去る。その後、モーリスは彼女の日記を読み、あまたの男性を惹《ひ》きつけたセアラの過去を知ることになる。セアラはなぜ唐突にモーリスと別れたのか？　彼女の真情はどこにあったのか？　人間の愛と信仰のありようを問う不朽の名作。

◆指示文

セアラが亡くなり遺体が安置されている自宅へ、さまざまな男性の弔問客が訪れ、「我こそはセアラの一番の理解者」だと暗に主張します。この場面でやってきたのは、リチャード・スマイスという強硬な無神論者です。公園で演説をしている折にセアラと知りあい、愛するようになりました。彼女の生前、愛の告白もしています。応対しているのは、いまやセアラの夫ヘンリーの親友となっているモーリスです。彼自身も無神論者です。

いまは亡き女性をめぐって張り合う男たちの丁々発止をうまく訳出してください。

『情事の終り』課題文A

He said, 'Don't any of you know? She was becoming a Catholic.'

'Nonsense.'

'She wrote to me. She'd made up her mind. Nothing I could have said would have done any good. She was beginning—instruction. Isn't that the word they use?'

〈中略〉

'That was a shock for you, wasn't it?' I jeered at him, trying to transfer my pain.

'Oh, I was angry of course. But we can't all believe the same things.'

'That's not what you used to claim.'

He looked at me, as though he were puzzled by my enmity. He said, 'Is your name Maurice by any chance?'

'It is.'

'She told me about you.'

'And I read about you. She made fools of us both.'

'I was unreasonable.' He said, 'Don't you think I could see her?'...

（第五部第一章より）

◆行間の空気を読みとる

課題文Aの場面は、セアラがベンドリクスの元を去り、その一年後に再会するものの関係再燃とはならず、まもなくセアラが死んでしまった後の、いわば、「男たちの第二ラウンド」を描いています。ヒロインの死とともに情事が終わってからも物語は続き、本作の三分の一が「後日談」に割かれていることは意外と知られていません。でも、じつは『情事の終り』はむしろ情事が終わってからが最高におもしろいのです。

前章の『高慢と偏見』は、女性同士の競り合いでしたが、今回は男性同士のマウンティング合戦と言えるでしょう。実弾を使わない心理戦です。セアラを取り巻く男性には、彼女の夫で役人のヘンリー、セアラの死後、ヘンリーと同居する（！）ことになる元恋人のモーリス、無神論者のスマイス、カトリック神父のクロンプトン、さらには、セアラを尾行した私立探偵までが彼女を好きになってしまい、他にも、セアラと一時の男女関係にあったヘンリーの上司などがいます。しかしセアラが心を捧《ささ》げたのは、驚くべき相手でした。

さて、グリーンの作品全般に言えることですが、本作も会話文に無駄がありません。余分な情報がなく、書かれていない含みが多いので、やりとりの機微《きび》や言外の含み、行間の空気をとらえて訳さないと、たんに話の噛《か》みあわない、ぎくしゃくした訳文になってしまいますので、ご注意ください。

◆男同士のマウンティング

さて、課題を見てみましょう。スマイスが弔問に来たとき、ヘンリーは睡眠薬を服用して眠っていたため、モーリスが応対します。モーリスはこの来客がセアラとどんな関係にあった人物かわかっていますが、スマイスの方はモーリスが誰だかまだわかっていません。

スマイスが故人の夫と面識もないくせに自宅に押しかけてきたことを、モーリスは咎《とが》めます。きみとは違って、自分はいまやヘンリーに家族同然に遇されているんだぞ（このときもヘンリーのパジャマを借りて着ています）、と心の中で優越感にひたっているのです。なんとなくみみっちい優越感の気もしますが、スマイスも負けていません。相手が知らないはずのショッキングな情報をいきなりたたきつけてきます。

「おたくではどなたもご存じないんですか？　彼女はカトリックに入信しかけていたんですよ」

次のモーリスの"Nonsense."という言下《ごんか》の否定から、また間髪おかずに返ってくる"She wrote to me."ここの間合いはデリケートにくみとってください。たとえば、

「それは無意味だ」
「彼女はわたしに手紙を書きました」

こういった訳例がよくあるのですが、これではこの二文のつながりとその含みが伝わらず、緊迫感や言葉の棘《とげ》が台無しになってしまいます。

「そんな馬鹿な」
「本人から手紙をもらいましてね」

こんな感じではないでしょうか。カトリック入信の件をモーリスが一蹴しようとすると、スマイスが畳みかけてくる。She wrote to me. という簡潔な一文は、「自分はほかならぬセアラからじかに聞いたのだ、それぐらい親しい間柄だったのだ」という言外《げんがい》の主張ですね。

「彼女が」ではなく、「本人から」などと訳すほうが、マウンティング効果があるでしょう。

モーリスはこの時まで、セアラの秘密の日記を読んだぶん、自分のほうが敵より上だと感じていました。ところが、こんな重大な決意を知らずにいたことが発覚し、絶望的な気持ちになります。しかし、めげません。次にどう出るかというと、「それはショックだったろうねえ」と、上から目線で相手を jeer することで、trying to transfer my pain するのです。transfer my pain が訳しにくいと思います。直訳すれば、「痛みを移す」。本当は誰よりも自分がショックを受け傷ついているのですが、その痛みを相手の痛みとして「すり替える」ということでしょう。なんともグレアム・グリーンらしい、人間の心の動きを鋭くついた一文だと思います。

◆〝いいかげん気づけよ〟の as though

いやみな同情を投げつけられたスマイスは、やり返すかと思いきや、「たしかに腹は立ったが、人の信じるものはそれぞれ違う」と、意外に真摯な、理性的なことを言います。その誠実さにモーリスはまた苛《いら》ついたようで、「前と言うことが違うじゃないか」とつっかかる。こういう気持ちの流れをうまくとらえていきましょう。次のセンテンスにまた心理戦がにじみ出ていますので、注意してください。

He looked at me, as though he were puzzled by my enmity.

as though（〜かのように）の節ですが、he was ではなく were が続いています。これは「仮定法」といって、現実に反した、あるいは、可能性が低いと話者が思って（願って）いるときに使うのでしたね。ここでは、「まるでこっちの敵意の意味がわからないみたいな顔しやがって」ということでしょう。

スマイスからしたら、相手がどうしてこんな感じの悪い対応をしてくるのか不思議に思っているかもしれません。しかしモーリスの側としては、「わからないわけないだろう」、もうちょっと踏みこんで言うと、「いいかげん気づけよ」という含意の仮定法ではないでしょうか。

ちなみに、as though は as if とほぼ同じ意味ですが、as though を使った方が、微妙に現実味が感じられるという見解もあります。

◆ひそやかな代名詞

スマイスはモーリスの目に浮かんだ敵意の色を見てとったのか、ようやくこう言います。

“Is your name Maurice by any chance?”

これまた、ずいぶんぶしつけな言い方ですね。初対面で「～さんではありませんか」と訊《き》く場合、イギリス人のしかつめらしい言葉づかいなら、Excuse me, but you are Mr. Bendrix, I presume? といったところでしょうか。しかし、質問に答えるほうも“It is.”と木で鼻をくくったような返答で、なんだか滑稽ですらあります。

相手がモーリスだとわかると、スマイスは、She told me about you. と、またもや、すかさずセアラとの関係をちらつかせてきます。こんどは手紙ではなく、本人の口からいろいろと聞いたようですね。

ここで、代名詞について、ひとつ大切な点を挙げておきます。この場面でモーリスもスマイスも、決してセアラの名前は出さないで話しているのに気がつきましたか？　じつはこの場面だけではなく、情事の〝第二ラウンド〟に登場する男性たちは、彼ら同士で話すとき、みだりにセアラの名を口にしません。口にする必要がないほど、彼らにとってこの女性が圧倒的な存在感をもっているということもあるでしょう。また、彼らの間に、名前を出さずとも通じるという、ひとりの女性を通じた奇妙な連帯感もあるかもしれません。さらに言うと、神のごとき大切な人の名をむやみに口にしないというひそやかさも感じられます。この隠微な空気をうまく伝えられるといいですね。

ですから、She の訳語は「彼女」一辺倒ではなく、「あの人」や、ときには「あいつ」、あるいは訳出しないという方法も考えてみましょう。She told me about you. だったら、文中に三つある代名詞の she, me, you をすべて訳出して、「彼女はぼくにあなたについて話した」などとする必要はありません。「あなたのことは、あの人から聞いてる」でも充分ですし、ことによれば、「話は聞いてますよ」ぐらいの簡潔さでもいいかもしれません。翻訳講座では、「お噂《うわさ》はかねがね」という訳例もありました。

◆反撃の and

さて、次の文頭の and の訳はなおざりにしないでください。この部分のやりとりで多いのは、こういう訳文です。

「あの人からあなたのことは聞いています」
「そして、わたしはあなたについて読んだんだ」

順接のandですから、「そして」と訳したくなりますが、切《き》っ先《さき》がいまひとつ鈍いですね。仮に一人の人間が、She told me about you. And I read about you. と言ったのであれば、「あなたのことは彼女から話に聞いているし、おまけに、日記でも読んだよ」という意味になり、「積み重ねのand」になりますが、ここでは相手に対する「反撃のand」なので、

「話はあの人から聞いている」
「こっちは日記で読ませてもらったよ」

と、and＋Iで「こちら」などとすると、ぴしゃりと切り返すニュアンスが伝わるかと思います。文頭にくるandはもっとも平凡にして翻訳がむずかしい接続詞でもあるのです。

たとえば、次のページの課題文Bは、カトリック教会のクロンプトン神父が弔問にきて、

セアラの入信についてやりとりしているうちに、言い合いのようになってしまう場面です。一行目はモーリスの台詞です。

一行目でモーリスが、セアラには自分の他にも愛人がいたのだと暴露すると、夫のヘンリーが止めに入ります。すると、クロンプトン神父が「そっとしておいてあげなさい」などと諫《いさ》める。それに対して、モーリスが神父にあれこれ指図するようなことを言うので、神父は「あなたにそんなことを言われる筋合いはない」と諭します。九行目でモーリスはまたセアラを貶《おとし》めるようなことを言って、再び神父を挑発しようとします。その後につづく神父の台詞はandで始まっているので要注意ですね。なんと訳せばいいでしょうか。

おそらく神父は七行目の言葉の後に、「懺悔《ざんげ》についてもあなたに教わることなどない」と畳みかけるつもりだったのが、モーリスに割りこまれ、しかしその挑発を無視して、「こちらの話はまだ終わっていない」とばかりにトピックを再開した、という流れでしょう。「そして」「それから」ではなく、「もうひとつ言うと」「さらに言えば」などと訳す手もあります。いずれにせよ、男性たちの押し引きがうまく伝わるように訳してくださいね。

『情事の終り』課題文 B

'I wasn't her only lover —'

'Stop it,' Henry said. 'You've no right...'

'Let him alone,' Father Crompton said. 'Let the poor man rave.'

'Don't give me your professional pity, father. Keep it for your penitents.'

'You can't dictate to me whom I'm to pity, Mr Bendrix.'

'Any man could have her.' 〈中略〉

'And you can't teach me anything about penitence, Mr Bendrix.'... （第五部第八章より）

第十章　マーガレット・ミッチェル『風と共に去りぬ』
――「心の声」を訳すと、「ボケとツッコミの構造」がわかる

◆あらすじ

舞台の幕開けは一八六一年の初夏。米国南部ジョージア州にある大きな綿花プランテーション〈タラ〉の長女として、なに不自由なく育てられた十六歳のスカーレット・オハラは、周囲の男たちをひとり占めしているが、心底愛しているアシュリ・ウィルクスの心だけはつかめない。そこへ、南北戦争がついに勃発した。アシュリは従妹筋のメラニー・ウィルクスと結婚し、スカーレットは腹いせにメラニーの兄チャールズと結婚。男たちは次々と出征していくが、奴隷制のもと綿花栽培で王国を築いた南部は、重工業の発達した北部との戦争に苦戦し、敗戦の色を濃くする。戦中・戦後を通してスカーレットは多くのものを失うが、それでも毅然《きぜん》と頭を上げて生きていく。

◆指示文

南部の敗戦後、北部政府に法外な税金をかけられ、〈タラ〉農園を失いそうなスカーレットは、妹スエレンの婚約者フランクが雑貨店を経営し、意外にも成功しているのを知り、あるとんでもない計略を思いつきます。

本作は、語り手の「声」とヒロインの「心の声」がひとつになったり、分かれたり、またシリアスからコミカルへと、くるくるとトーンを変えます。その起伏をうまくとらえないと、醍醐味《だいごみ》が伝わりません。最後の課題です。がんばりましょう！

『風と共に去りぬ』課題文 A

As Scarlett thought of Suellen's secure future and the precarious one of herself and Tara, anger flamed in her at the unfairness of life. Hastily she looked out of the buggy into the muddy street, lest Frank should see her expression. She was going to lose everything she had, while Sue—Suddenly a determination was born in her.

Suellen should not have Frank and his store and his mill!

Suellen didn't deserve them. She was going to have them herself. 〈中略〉

But can I get him? Her fingers clenched as she looked unseeingly into the rain. Can I make him forget Sue and propose to me real quick? If I could make Rhett almost propose, I know I could get Frank! 〈中略〉 Certainly I could manage him easier. At any rate, beggars can't be choosers.

That he was Suellen's fiancé caused her no qualm of conscience. After the complete moral collapse which had sent her to Atlanta and to Rhett, the appropriation of her sister's betrothed seemed a minor affair and one not to be bothered with at this time.

（第四部第三十五章より）

◆語り手が登場人物と一体化する

『風と共に去りぬ』の語りの「声」はバリエーションに富んでいます。登場人物に親身に寄り添ったかと思うと、突き放し、冷静に分析し批判したかと思うと、また人物の内面に入りこんで代弁する。言ってみれば、「ボケとツッコミ」の文体とも言えるでしょう。

まず、課題範囲を訳す際のポイントを先にまとめておきます。

①話法の切り替え（近づく＝ボケ）

「地の文」はすべてが作者の意見や心情を述べたものではありません（第七章『灯台へ』も参照）。語り手がスカーレットの心に寄り添って語るうちに、だんだん彼女と一体化して、主語は三人称のままなのに、まるで自分のことを語っているような語調になってくる。これを文法用語で自由間接話法と言います。さらに、『風と共に去りぬ』では、ここから主語が一人称に移行することもあります。日本語にするとこんな感じです。

多額の税金を課され、スカーレットは途方に暮れた。↓彼女の目に涙が浮かんできた。↓つらい気持ちがつのり、だんだん腹が立ってきた。↓頭にくる。どうすればいいのだろう。↓ああ、こんなときレットがいれば！↓そうだ、彼に頼ればいいのよ。

②話法の切り替え（離れる＝ツッコミ）

本作では、さっきまで登場人物と一体化していた語り手が、急に距離をおいてヒロインを批評しだすことが頻繁にあります。話法と語調の切り替えをうまくこなしてください。

③時制の機能

原文は過去時制で書かれていますが、物語のなかにいる登場人物たちにとっては、その時点が「現在」です。みんな「いま」を生きているわけです。ですから、語り手が作中人物と一体化すると、過去時制の機能が薄れていき、実感としては「現在」に近くなります。

では、課題文を見てみましょう。出だしを読むと、妹のスエレン（愛称スー）が小金持ちのフランクと結婚すると聞き、スカーレットは自分自身と農園の危うい将来と引き比べて、猛烈に立腹しています。

As Scarlett thought of Suellen's secure future and the precarious one of herself and Tara, anger flamed in her at the unfairness of life.

このセンテンスは、語り手の「声」で客観的にヒロインの心情を描写しています。どうしてスカーレットの「内なる声」でないとわかるかというと、まずScarlett thoughtと、他者（語り手）の視点で書かれていることが一つ。また、"precarious"という語や、ふたりの境遇の対比を明晰《めいせき》に言語化していること、加えて、「人生の不公平さに怒りの炎が燃え上がる」といったやや文学的な表現は、かっとなったスカーレットからは出てこないものです。

しかし次にフランクから顔をそむけて、考えごとを始めたところで、文体のモードチェンジが始まります。その次のセンテンスで、スカーレットの「声」がうっすら混ざってくるのがわかりますか。

She was going to lose everything she had, while Sue—

while Sue（なのにスーったら……）で途絶しています。ここで語り手が言葉につまる理由はありませんから、不公平な現実に直面して怒りに駆られたスカーレットの気持ちが滲《にじ》みでて、絶句したと考えられるでしょう。

◆いちばん訳しにくい「過去のなかの未来」

いまのセンテンスの注意点はbe going toです。was going toと過去形になったとたんに、訳せなくなってしまう人が多いのです。wasはbe動詞の過去形だから、なんとか過去形に訳さなくてはならないと思って、「自分が持っていたすべてを失ってしまったのに対して……」などと単純過去形で訳したりします。でも、be going toはこれから起きる「未然」のことを表現していますね。まだ失っていません。過去時制の未来形です。

過去のなかの未来なんて、どうやって日本語にすればいいの？　と、困りますよね。じつは、翻訳のクラスでも受講生がいちばん訳せないのが、この「過去のなかの未来」なんです。なぜかというと、日本語にそれにあたる時間の概念や語彙が無いとは言わないまでも、いささか手薄だからです。しかし、一六九頁の③を思いだしてください。ここで、語り手はヒロインとだんだん一体化して語っているので、語り手もスカーレットと時間を共有します。つまり、スカーレットのいる過去が語りの「いま」になるわけです。だったら、was going to は is going to と同じように訳せばいいですね。「自分が持っているすべてを失おうとしているのに……」となります。

everything she had の had も、ここでは「持っていた」と過去形に訳さない方がいいでしょう。過去形にすると、まるで「すでに持っていない」ように聞こえます。ちなみに、過去形で書かれた英語の一文に対して、日本語で過去形を使うのはたいてい一回でいいのです。

Tom told his brother about the girl he was going out with. という原文なら、「トムはつきあっている女の子のことを兄に話した」でOKです。「トムはつきあっていた女の子のことを兄に話した」とすると、話した時点では別れているように聞こえます。

◆she は「彼女」ではない

次のセンテンス、Suddenly a determination was born in her. で、ひょいと語り手の「声」に戻りますが、その後はまた登場人物の声と一体化したような話法に切り替わります。

中学校の最初に、she＝「彼女は（が）」という意味だと習いますが、先に説明した自由間接話法のなかでは、she は she であって she ではありません。ほとんど I に近い機能をもち得ます（he の場合も同じく）。じつにフレキシブルな話法なのです。少なくとも、日本語の「彼女」では対応しきれません。そればかりか、機械的に彼女、彼女と訳していると、誤訳する危険があります。そのいい例が以下の箇所です。

（...Suddenly a determination was born in her.）
Suellen should not have Frank and his store and his mill!
Suellen didn't deserve them. She was going to have them herself.

スカーレットの胸に芽生えた決意を具体的に説明したのが、Suellen に始まるこの二行です。she の機能の説明に行く前に、まず一行目ですが、助動詞の should を受けて、じつに多くの人が「スエレンは～を所有すべきではない！」と訳します。しかし、なにか文脈がずれていませんか？「～すべきでない」というのは、「決意・決断」というより「判断」ですよね。

should が出てくると、自動的に「～すべき」と訳しがちですが、should は shall の過去形ですね。shall のベーシックな用法を思いだしてください。ここでは「話し手の意思を表す」

使い方をしています。否定形なので、「〜に…させないぞ」という意味です。He shall not get away. なら、「彼は逃げないだろう」という単純未来ではなく、話し手の意思を反映して、「彼を逃がしはしないぞ」という意味になります。You shall have some pie. なら、「あなたはパイを持つだろう」ではなく、「パイをあげますよ」「食べてよろしい」といった意味です。課題文は過去形で書かれているので、shall が should になっています。

ですから、Suellen should not have Frank and his store and his mill! は、「スエレンなんかに、フランクも店も製材所もわたすもんかー!」と、心で叫んでいるのです。

話者はだれかといえば、むろん(見えない)語り手であり作者ですね。だったら、作者ミッチェルが「スエレンなんかにわたすもんかー!」と叫んでいるのでしょうか? そうとは言えないのが、この話法のやっかいなところで、語り手は目下、スカーレットとほぼ一体化しているので、この一文にはスカーレットの意思および「声」が響いていると考えられます。

さて、次の一文では、「スエレンはそれだけの身分にそぐわない」と言っています。では、「フランクと彼の事業」をスエレンのものにしないために、スカーレットはなにをする気でしょうか? その次の She was going to have them herself. も、「なのに、彼女がぜんぶ自分のものにしようとしている」といった訳し間違いが多いのです。主語の she はスエレンだと判断したのですね。

でも、スカーレットの決意とは具体的になんだったのか。そこがわからないままです。強調の herself に注目してください。She was going to have them herself. の herself はどうしてついているんでしょうか？　仮に、「ぜんぶスエレンが独り占めすることになるだろう」という意味なら、she was going to have them to herself. と to か何かが入りそうですね。

この文の主語である she はスカーレットです。強調の herself は「ほかならぬこのわたしが」ということです。妹のスエレンではなく、この、このわたし、スカーレットがわがものにしてやる、という意気込みです。

さて、次は be going to です。なにかを決定済みの場合に使うのが、be going to で、その場で判断したときに使うのが will でしたね。たとえば、「さっき山田さんから（うちに）電話があったよ」と家族に知らされた場合、

Yeah, I'm going to call him back after dinner. なら、「ああ、夕食の後にかけ返すつもりだよ」（山田さんからの電話はすでに知っているか予期していて、夕食後に電話しようと思っていた）ですが、

Oh, I'll call him back after dinner. なら「え、じゃあ、夕食の後にでもかけ直してみるよ」

（いま知ったので、とりあえずの心づもりを述べている）というニュアンスになります。

余談ですが、日本の駅の電光掲示板に、「電車がまいります」の英訳として"Train will Arrive Soon."と出るのはどうも違和感があります。「電車はすぐに来るでしょう」？　来ないかもしれないの？　"Train Approaching"ならしっくりきます。

◆ボケとツッコミの波を乗りこなそう

さて、語り手とスカーレットの二人羽織《ににんばおり》のような話法が続いてきましたが、その先でまた大きなモードチェンジがあります。

ずっと三人称で語ってきたのに、一人称主語に切り替わる箇所、But can I get him? と始まる段落です。これらのIを主語にしたセンテンスは、引用符でくくってセリフの形になっていれば、問題なく読めますが、ここは引用符がありませんね。このように地の文に混ざりこんだ直接話法は「内的独白」と呼ばれたりします。『風と共に去りぬ』が出版された当時には、だいぶ前衛的な技法だったんですよ。

翻訳するときには、直接話法のセリフのように訳してかまいません。しかし同時に、語り手視点の三人称文体も混在しているので、すばやく話法や語調の切り替えを行って、だれの

「声」なのかわかるように訳す必要があります。

さて、At any rate, beggars can't be choosers.「ともあれ、物乞いに選《よ》り好みはできない＝背に腹は替えられない」という一文で段落が終わると、次の段落では、スカーレットと距離をおいた語り手が現れ、「この人、フランクは妹の婚約者なのに、良心の呵責《かしやく》はちっとも感じていないんですよ」と、手厳しいコメントをします。さっきまで、「そうそう、あなたはこういう気持ちなのよね」と、スカーレットに親身に寄り添ったり、同化したり、しまいにはスカーレットの一人称で語ってみせもしたのに、段落が変わったらあっさり、「どうせ（お金の工面で）レットをたらしこみにいった時点で、この人のモラルは完全に崩壊しているんですから」とか、「横取り（略奪婚）」だとか、ひどく辛辣な真実をつきつけるわけです。

このように本作の語り手はほんの一ページの間に、当時の前衛的作家もかくやというほど、矢つぎ早に話法と文体を切り替え、ボケてはツッコみます。じつは、この落差が読者には小気味がいい。語り手がスカーレットに寄り添いっぱなしであれば、本作はどんなに傲慢で、勘違いだらけで、うっとうしい、片想い物語になっていたことでしょうか。また、批判的な視点ばかりでは、天衣無縫《てんいむほう》なヒロインの魅力は輝かないでしょう。語り手と主人公との間にある最適な、快適な距離感、それがこの一大長編をぐいぐい読み進めさせるドライブになっているのだと思います。この距離感をつねに絶妙につかむミッチェルのセンスは、天才的としか言いようがありません。

本作は難解な語彙もあまりなく、読みやすさが特徴ですが、文体戦略の面ではかなり高度なテキストなのです。

◆ジレンマとうつろな心

本作の「表情」の変化と「声」の分裂は、作者マーガレット・ミッチェルのなかにある二面性――母親の望むような、敬虔《けいけん》な南部女性らしい美質をそなえた〝グレート・レディ〟でありたいという気持ちと、そんなものは蹴散らす新時代のはねっ返り女になりたいという反動の現れであるように、わたしには思えます。それが、スカーレットの人物造形にも反映し、さまざまな二面性とジレンマを抱えたヒロイン像を造りあげているのでしょう。スカーレットがつねに充たされず、しょっちゅう苛立ち、空《うつ》ろな心を抱えているのは、こうした二面性との板挟みのせいなのだと思います。

たとえば、彼女は故郷の南部やオハラ家の農園〈タラ〉を深く愛していますが、南部連合国も戦争も大嫌い。戦争にまつわる「全体主義」のうさん臭さと危険さにも、人一倍敏感です。それゆえ、女友だちがひとりしかいないという孤独も味わっています。

『風と共に去りぬ』全編には、herselfという語が三三九回ほど出てきます。herselfが多く使われるのは、この作品の大半がスカーレット視点で書かれており、彼女が「自分、自分」と主張する自己中心的な性格のためもあるでしょう。しかも、他人と心が通じあわないので、自問自答ばかりしているせいもあるかもしれません。この小説は実際の会話より、地の文に書き込まれた「心の声」の方が何倍も多くあります。本作を「心理小説」と評する評者がいないのが不思議なぐらいです。『風と共に去りぬ』は、内戦と再建の時代を通して、アメリカ南部を描く歴史ロマン小説とみなされていますが、実はひとりの女性の果てしない孤独な心の旅路でもあるのです。

最後に、この華やかなヒロインの心の空虚を物語る場面を紹介しましょう。本書の課題の総仕上げとして、訳してみてください。重要なherself、くれぐれも機械的に「彼女自身」などと訳さないようにしてくださいね！

『風と共に去りぬ』課題文 B

Oh, why was she different, apart from these loving women? She could never love anything or anyone so selflessly as they did. What a lonely feeling it was—and she had never been lonely either in body or spirit before. 〈中略〉 And so, while the bazaar went on, while she and Melanie waited on the customers who came to their booth, her mind was busily working, trying to justify herself to herself—a task which she seldom found difficult.

The other women were simply silly and hysterical with their talk of patriotism and the Cause, and the men were almost as bad with their talk of vital issues and States' Rights. She, Scarlett O'Hara Hamilton, alone had good hard-headed Irish sense. She wasn't going to make a fool out of herself about the Cause, but neither was she going to make a fool out of herself by admitting her true feelings. She was hard-headed enough to be practical about the situation, and no one would ever know how she felt.

・justify oneself＝自己正当化する。

・make a fool out of oneself＝物笑いの種になる。ばかを見る。

（第二部第九章より）

あとがき

「翻訳ってなんだろう？」と思いながら文芸翻訳の仕事をしてきて、もうすぐ三十二年目に入ります。

いまも、翻訳とはこういうものである、と一言では説明できませんが、本書では、「翻訳とは体を張った読書である」という仮説のもとにこの営みについて考えてみました。言葉の当事者になること、実践者になること、いっとき他者の言葉を生きること。

全十章のなかで、いろいろな「注意点」を挙げてきました。翻訳家はそんなに細かいことを熟考しながら訳しているのか！　と驚かれるのですが、ふだん英語を訳すときに、こういったことをじいっと考えているわけではありません。「考えている」という意識もなく、一瞬で判断と選択を行っているのだと思います。だから、わたしひとりでは、とてもこんな本は書けません。

いっしょに翻訳の課題に取り組む生徒のみなさんがいて、訳文をディスカッションして初めて、さまざまな問題点があぶり出されてきます。自分のAという訳文と他者のBという訳文を比較すると、「どうしてわたしはここをAのように訳したんだろう?」という疑問がわいてきます。逆に言えば、「どうしてBのようには訳さなかったんだろう?」と問うことにもなります。そうして自分のなかで、いわば「翻訳問答」を繰り返すことで、多くの新たな発見をすることができました。

この本を手にとってくれているあなたは、どんな動機で本書を選んでくれたでしょう。文学を愛する読者のかたであれば、名作の新しい魅力や、古典を読むことの楽しみが、少しでも増すきっかけになればと願います。

そして、英語の学習のために手にとったかたへ。英語と日本語という異質なもの同士がぶつかる翻訳作業の現場経験が、英語学習のちょっとした肥やしになれば望外の喜びです。英語を英語として理解し使いこなすトレーニングは重要ですが、異言語を母語にくぐらせた上で他者に発信する「翻訳読書」のプロセスも、きっと外国語習得のプラスになると信じています(ついでに、日本語のおもしろさも発見できるかもしれません)。

それから、プロの文芸翻訳家を目指すかたへ。何度も言ってきましたが、訳文だけ上手くなろうとしないでください。よく読めればよく訳せます。外国語なら、ある段階までは「スキル」を磨くことで「上達」することができますが、母語は技術だけを磨いて「上達」することはできません。思考を深め、視野を広げ、知のバックボーンを築くことで、母語は自然と鍛えられ、豊かになるのだと思います。

いきなり「巧みな訳文」を目指さず、的確でフォーカスの合った訳文を目指してください。読みが的確であれば、文章自体は多少粗削りでかまいません。語尾のリズムが悪いといって、過去完了形まで現在形風に訳してしまうようなケースにときどき出会いますが、英語の時制は雰囲気づくりのための飾りではなく、建物の構造部です。技巧より確かな読みを大切にしてください。

これからも翻訳の勉強や仕事をつづけようと思うかたは、「翻訳とはかくあるべし」という一つの考えに縛られないほうがいいかもしれません。ですから、ここまであれこれ書いてきてなんですが、本書の翻訳へのいろいろな提言も、「そういう考え方／やり方もあるんだな」ぐらいの気持ちで、どうぞ受け止めてください。

「翻訳ってなんだろう?」と首をかしげつづけること、迷い、試行錯誤をつづけることこそが、翻訳者に必要なことのように思います。

本書は、二〇一六年四月から二〇一七年三月まで十回にわたって、ＮＨＫ文化センター青山教室にて行った翻訳講座「訳して味わう傑作10選」を主に下敷きにし、その他、学習院大学や津田塾大学などでの講義、講演、演習を参考にして執筆されました。果敢な言葉の実践者として、他者の言葉をともに生きてくれた受講生、履修生、聴講生のみなさんに、深い感謝を捧《ささ》げます。そして、一年間、右記の翻訳講座の生徒となって、毎回、翻訳課題を提出し、欠かさずクラスに通い、ディスカッションを深めてくれた、筑摩書房編集部の喜入冬子さん、山本拓さんにも、心よりお礼申し上げます。ありがとうございました。

二〇一八年四月一〇日

●講師訳例

第一章『赤毛のアン』

「わあ、うれしい。その子、かわいいんだ。自分が美人ならそれに越したことはないけど、わたしの場合それはあり得ないから、美人の心の友をもてたら最高。お世話になってたトマスおばさんちではね、居間の本棚にガラス扉がついていたの。本棚だけど本なんか一冊も入ってなくて、おばさんはいっとう良い陶器と、作り置きのジャムがあればジャムもそこにしまってた。両開きの扉はかたっぽガラスが壊れちゃっていたけど。ある晩、トマスおじさんがほろ酔いかげんで、割っちゃったから。でも、もうかたっぽのガラスは無事だったから、わたし、そこに映る自分の姿を見ながら、ガラス扉の中にべつの女の子が住んでるって思うことにしたんだ。名前はケイティ・モーリス。わたしたちはすっごく仲良しで、日曜日にはとくに何時間でもおしゃべりして、わたし、その子にはなんでも打ち明けた。ケイティは、わが人生の安らぎであり慰めだった、ってわけ」（第八章より）

第二章『不思議の国のアリス』

【課題文A】なんとなく、猫がまたあらわれる気がして、アリスはすこし待ってみたものの、出てきそうにないので、そのうち、三月うさぎが住むという方へ歩きだしました。「ぼうし屋さんなら、これまでも会ったことがあるけど」と、ひとりごとを言いながら。「三月うさぎって、すっごくおもしろそう。狂ってるっていうけど、いまは五月だから、そんなでもないでしょ――少なくとも、さかりがつく三月ほどトチ狂ってないはずよ」そうつぶやきながら、見上げると、あの猫がまたあらわれて、木の枝に座っているではありませんか。

「あんたがさっき言ったの、〝ブタやろう〟だっけ、〝プーたろう〟だっけ？」

「ブタのほう」アリスは答えました。「ねえ、そんな急に出てきたり消えたりしないでくれる？　めまいがしそう」

「よしきた」猫は言いました。こんどは、とてもゆっくりと、しっぽの先から消えはじめ、じゅんぐりに消えて、最後はニヤニヤ笑いだけになりました。体がぜんぶ消えた後も、笑いだけがしばらく残っていたのです。

「なにこれ！　ニヤニヤ笑いをしない猫なら、ふつうに見かけるけど」と、アリスは思いました。「猫なしのニヤニヤ笑いなんて！　こんなヘンテコなもの、初めて見たわ！」

（第六章「豚（トン）だトンチ」より）


【課題文B】「おっと、楽しくなってきた！」アリスはそう思いました。「よかった、なぞなぞが始まったみたい――いいわ、当ててみせましょうか」アリスはぼうし屋の問いかけにおうじました。

「それは、しつもんの答がわかると思うって意味かい？」三月うさぎが言いました。

「そのとおりよ」

「だったら、意味どおりのことを言わなくちゃ」三月うさぎは言いつのりました。

「言ってるじゃない」アリスは言いかえしました。「少なくとも――少なくとも、言ったとおりのことを意味してるもの。おんなじことでしょ」

「ぜんぜん、おなじなもんか！」ぼうし屋が言いました。「だったら、こうも言えるじゃないか？『食べるものが目についた』と『目についたものを食べる』はおなじことだって」

「こうも言えちゃう」と、三月うさぎ。「『手に入るものが好き』と『好きなものを手に入れる』は同じことです、とかさ！」

「こうも言えるよな」と、ヤマネも加勢《かせい》しました。寝言でしゃべっているようです。「『ねむっているのに息をする』と『息をしているのにねむってる』は同じことだって！」

（第七章「おちゃらけお茶会」より）

第三章『嵐が丘』（説教するおばさん風の男性とキレる女子高生風）
「アンタさ、アタシにさんざっぱらひどいことして、裏切ってきたじゃない？　それを今さら思い知らせようってことでしょ。よくも見くびってくれたもんだわ。なんでまあ、この子は自分の気持ちにウソつくかしらね？　なあに、これ、慰めろっていう方がムリって話じゃないさ。自業自得っていうの？　言ってみれば、あれよね、自殺行為ってやつ。いいわよ、アタシにキスしたいんならすればいいしさ、泣きたきゃ泣きなさいよ。アタシのキスと涙をしぼりとればいいでしょ。そうやって、アンタは婆みたいにしなびて呪われりゃいいのよ。あたしに惚《ほ》れたくせに、どういう権利があって捨てたんだか、まったく、だからどういう権利があったんだって聞いてんのよ、ボケ――あんたがリントンなんてやつにさ、つまんない夢を持っちゃったせいじゃないの。どんなみじめに落ちぶれたって、いっそ死んだって、アンタね、神だか悪魔だか知んないけど、どんな運命が降りかかったって、アタシたちが離れ離れになるはずないじゃないさ。いい、アンタよ、アンタが自分の意志でやったんだからね。アンタの胸を引き裂いたのはアタシじゃないわよ。アンタ、アンタが自分でやったの。そうすることでさ、アタシの胸まで引き裂いたわけ。アタシは強いのが仇《あだ》になってよっぽど辛い思いしたわよ。生きていたいかって？　仮にアンタが、仮に――もう、なに言わせんのよ！　アンタは自分の魂を墓に埋めても生きていきたいかって話よ、どうなの？」

「マジうざ。かまちょかよ、っていうかムカつく」キャサリンはすすり上げながら言った。「うちがなんかマズいことしたんなら、それで死ぬんだから、もういいじゃん。だいたい、そっちだって捨てたんじゃね？　でも、べつにうちは責める気ないし。こっちが許してんだから、そっちも許せばいいじゃん！」

「アンタねえ、許せって言われて、ハイそうですかって許せると思うの、バッカねえ。アンタのその目を見るのもさ、いかにもやつれてますみたいな手を触るのも、こっちはもうしんどいわけ」ヒースクリフはそう応じた。「もう一度だけキスなさいよ。だから、その目を見せるなったら――。アンタがアタシにしてきたことは許すわよ、ええ、アタシを殺した犯人だって愛すけどさ、アンタを殺した張本人を愛せるわけないって話よ。あり得ないでしょ、それ」

（第十五章より）

第四章『アッシャー家の崩壊』

その部屋から、その屋敷から、わたしは周章狼狽《しゅうしょうろうばい》して逃げだした。外はまだ嵐が荒れ狂っていたが、気がつくと、例の土手道を越えようとしていた。突如、土手道に猛々《たけだけ》しい光が射し、一体どこからそんな異常な光が出てくるのかと訝《いぶか》って、わたしは振りむいた。なにしろ背後には、広大なアッシャーの屋敷とその影しかないはずなのだから。それは沈みゆく真っ赤な血の色の満月が発する耀《かがや》きで、以前はごく目立たなかった裂け目からまぶしい光がもれでているのだ。館の屋根から基部までジグザグ状に走っていると前に言ったあの亀裂である。見入るうちに、この亀裂はみるみる太くなり――このとき一陣の旋風が烈しく吹きつけると――輝く月がいっきに全容をあらわにした。その荘重な館の壁が真っ二つになって崩れ落ちるのを見て、目が眩《ま》った――そう、一千もの沼湖《しょうこ》がざわめきたつかのような、騒々しい絶叫にも似た音が長く尾を引き――じめつく陰鬱な沼が「アッシャー家」の無数の欠片《かけら》を呑《の》みこみ、むっつりと音もなくわたしの足元で口を閉じたのだった。

（最終章より）

（「アッシャー家の崩壊」『ポケットマスターピース09　E・A・ポー』鴻巣友季子訳、桜庭一樹編、集英社、二〇一六年より）

第五章『ライ麦畑でつかまえて』

おれのことほんとに知りたいって言うなら、まず、どこの生まれで、どんなろくでもない子ども時代を送ったとか、うちの両親はなにしてたとか、おれが生まれる前のこと、つまりさ、「デイヴィッド・カッパーフィールド」みたいなクソどうでもいいことを知りたがるかもしれないけど、そんなのは話す気になれないってのが、正直なところだな。第一に、そんな話、おれにとっては退屈だし、第二に、うちの親にしてみれば、まかり間違って私生活なんかばらされでもしたら、一人につき二回ぐらい血管ブチ切れるのが落ちだから。そういうことには、あいつらとにかくうるさい。とくに親父のほうがね。こう言っちゃなんだけど、ふたりとも育ちはいいっていうか、でもめちゃくちゃ神経質でさ。てか、おれはなにもそういうつっまんねえ生い立ちの記みたいなのを語ろうというんじゃなくてさ、要するにこのイカレ野郎の、去年のクリスマス頃の話だよ。で、その後、マジで鬱っちゃって、ここに入ってひと休みすることになったわけだ。まあ、D・Bに話したていどのことはぜんぶ話すよ。あ、D・Bって、おれの兄貴だったりする。（第一章冒頭より）

第六章『ピグマリオン』

ライザ：（刺繍《ししゅう》を続けながら）流行《はや》りのダンスを覚えるようなものです。それ以上でもそれ以下でもありません。一方、わたしにとって真の教育がいつ始まったかご存じですか？

ピカリング：なんだって？

ライザ：（針を動かす手を止めて）ウィンポール街に着いたばかりのわたしを、あなたは「ミス・ドゥーリトル」と呼んでくださいましたね。そのとき、このわたしにも、自尊心というものが生まれたのです。（刺繍の作業にもどりながら）あなたには当たり前のことなのでお気づきにならないでしょうけれど、そのほかにも小さなことが幾らでもあります。わたしが来たら席を立つとか、帽子をとるとか、ドアを開けてくださるとか――

ピカリング：なんだ、そんなことかい。

ライザ：ええ、一介の台所女中のようなわたしを、もっと大切なもののように思ってくださっている、そんなお気持ちが伝わってきました。もちろん、あなたなら、本物の台所女中が客間に通されてきても、きっと同じように振る舞うのでしょう。食堂でも、決してわたしの前で靴を脱いだりなさらなかった。

ピカリング：気に病みなさんな。ヒギンズは所かまわず靴を脱ぐ男だ。

ライザ：ええ、わかっております。先生を責めているのではありません。だって、それが先生の流儀なのでしょう？　けれど、わたしの気持ちはそれでがらりと変わります。だからこそ、あなたはそんなことなさらなかった。そう、本当の本当には、身なりや、上流らしい話し方や、そんなだれもが指摘するようなことだけではないんです。淑女と花売り娘の違いは、その人がどのように振る舞うかではなく、どのように扱われるかで決まるのです。ヒギンズ教授の前では、わたしはいつまでも花売り娘でしょう。なぜなら、先生がわたしをそう扱うからです。これからもずっと。けれど、ピカリングさん、あなたの前では淑女になれます。つねに淑女として接してくださるし、これからもきっとそうだからです。

（第五幕より）

第七章『灯台へ』

【課題文A】「けど、晴れるかもしれませんよ――なんだか晴れる気がしますね」ラムジー夫人は夫のことばにかちんときて、編みかけの赤茶色の靴下を軽くねじりながら言った。もしこの靴下を今夜中に編みあげてしまえたら、そしていよいよみんなで〈灯台〉へ行くことになったら、これは灯台守にあげ、関節結核の心配がある坊やにはいてもらおう。そうそう、靴下と一緒に古雑誌ひと山と、煙草と、いっそ、そのへんに転がっている半端な物も、さして入り用でもなく部屋が散らかるばかりなのだし、あの気の毒な家族にどれもあげてしまおう。きっとあの人たち、日がな一日、ランプをみがいたり、ロウソクの芯を切ったり、猫の額のような庭をいじったりするほか、楽しみと言えるものもなく、死ぬほど退屈しているはずだから。ちょっとした気晴らしにはなるでしょう。

（第一章より）

【課題文B】「たとえあした晴れなくても」ラムジー夫人はそう言いながら顔をあげ、ちょうど通りかかったウィリアム・バンクスとリリー・ブリスコウにちらっと目をやった。「またの日にすればいいじゃないの。だから、さあ」夫人はそう言う心の内で、リリーはあの中国人のような切れ長の目が意外と魅力なのね、と思っていた。〈中略〉「さあ、ちょっと立ちあがって、これを脚にあてさせてちょうだい」だって、結局灯台へ行くことになって、灯台守の子にはかせてみたら一、二インチ短かった、というのでは困るから。

夫人はにっこりしながら――というのも、まさにその瞬間、ウィリアムとリリーが結婚すべきだという妙案が浮かんだからだ――ヒース色の混紡の靴下に、スチールの編み針を交差させてぶらさげたまま持ちあげ、ジェイムズの脚にあてて、目見当で寸法をとろうとした。

「お願いだから、じっとしてらっしゃい」

（第五章より）

【課題文C】まだ夫の視線を感じたが、さっきまでとは顔つきが変わっているようだ。なにかを求めている――与えようにも与えがたいと常々妻が感じているようななにか。きっと、愛していると言ってほしいのだ。〈中略〉夫人は腰をあげると、赤茶色の靴下を手にして窓辺に立った。それは夫から顔をそむけるためでもあり、いまなら夫に見つめられていても平気で灯台を眺められると思ったからでもあった。わたしが横を向くのと同時にあの人も首をめぐらせたはずよ。こちらを見つめていることでしょう。そしてきっとこう考えている。今夜のおまえはいつにもまして美しい。ええ、自分でも今夜はうんときれいになった気がする。一度だけでいい、愛していると言ってくれぬものか？

（第十九章より）

（ウルフ「灯台へ」鴻巣友季子訳、『灯台へ／サルガッソーの広い海』河出書房新社、二〇〇九年）

第八章『高慢と偏見』

レディ・ルーカスはいわゆる善良な婦人であり、ミセス・ベネットからすると、適度に隙があるので、重宝な隣人だった。ルーカス夫妻のほうも子どもが五、六人いた。なかでも長女は分別のあるなかなか知的な娘であり、二十七になろうかという年ごろで、ベネット家では次女のエリザベスが親しくつきあっていた。

舞踏会の後は、ルーカス家とベネット家の娘たちが集まって、昨晩の首尾を話し合うことが欠かせない。今回も、翌朝になると、ベネット側の話を仕入れ、論評し合おうと、ルーカス家の娘たちがロングボーンにやってきた。

「ゆうべはみごとな先陣でしたね、シャーロット」ミセス・ベネットはまずは謙虚にルーカス家の長女を立てた。「ミスタ・ビングリーから真っ先にお声がかかったんですもの」

「それはそうですけど、二番目のお相手の方がお気に召したようで」

「あら、それ、ジェインのことですの？　ええ、なにしろ、あの方、この子とは二度も踊られましたしねえ。言われてみれば、気に入られた節はあるわね――というか、実際気に入ったんでしょうけど――で、なんでしたっけ、よく覚えていませんが、ミスタ・ロビンソンがどうとかお聞きした気が」

「わたしも漏れ聞いただけですけど、あの方とミスタ・ロビンソンのやりとりですね。お伝えしませんでした？　ミスタ・ロビンソンが、うちのメリトンの集まりの感想をお尋ねし、山ほどの美女が一堂に会していると思いませんか、どのお嬢さんがいちばんの美女だと思われますか、なんて次々と訊《き》いていたんです。すると、最後の質問には間髪入れずにお答えがありました。「ああ、それは間違いなくベネット家のご長女ですね。その点では論をまたないでしょう」って」

（第五章より）

第九章『情事の終り』

【課題文Ａ】「おたくではどなたもご存じないんですか？　彼女はカトリックに入信しかけていたんですよ」

「そんな馬鹿な」

「本人から手紙をもらいましてね。すでに決意を固めていました。どう説得したところで翻心は見込めなかった。すでに、あの入信指導とやらも受けはじめていて――確か、入信指導というんじゃなかったかな」〈中略〉

「それは、ショックだったろうね」傷ついたわたしはそう言ってあざ笑うことで、自分の痛みを相手の痛みにすり替えようとした。

「腹は立ちましたが、人の信ずるところはそれぞれです」

「以前と言うことが違うじゃないか」

なんだその刺々《とげとげ》しい態度はと言いたげな顔で、スマイスはじっと見返してくると、「ひょっとして、あなたがモーリスさんか？」と尋ねてきた。

「そうだが」

「話はあの人から聞いている」

「こっちもきみのことは読ませてもらったよ。ふたりしてあいつに虚仮《こけ》にされていたわけだ」

「わたしもどうかしていた」スマイスは言った。「あの人の顔を拝ませてもらえないか？」

（第五部第一章より）


【課題文B】「なにしろ、わたしの他にも愛人がいたし」

「やめないか」と、ヘンリーが止めてきた。「なんの権利があってそんな――」

「言わせておきなさい」クロンプトン神父は言った。「おつらいのでしょう。喚《わめ》かせておやりなさい」

「職業柄の憐《あわ》れみはごめんだね、神父さん。そういうのは懺悔《ざんげ》にくる連中にとっておけばいい」

「だれに憐れみをたれようと、あなたに指図される筋合いはありませんな、ベンドリクスさん」

「どんな男にもなびく女だったんだ」〈中略〉

「もう一ついえば、懺悔についてもあなたに教わることはありませんよ、ベンドリクスさん。」

（第五部第八章より）

第十章『風と共に去りぬ』

【課題文A】スエレンは将来安泰である一方、自分と〈タラ〉の未来はじつに心もとないことを思うと、人生の不公平さに、スカーレットの心にはめらめらと怒りが燃えあがった。顔つきをフランクに見られまいと、あわてて馬車の外のぬかるんだ通りを見る。わたしがすべてを失おうとしているというのに、スエレンは――そのとき突如として、ある決意がスカーレットの心に芽生えた。

フランクも彼の店舗も製材所も、スエレンに渡してなるものか！

スエレンには分不相応よ。わたしが手に入れてみせる。〈中略〉

とはいえ、わたしに彼を落とせる？　スカーレットは拳《こぶし》を握りしめながら、雨に煙って見えない街に目をむけた。いますぐスーのことを忘れさせ、わたしに求婚させられるかしら？　ええ、あのレットもプロポーズしそうになったんだから、フランクぐらいなんてことないわ！〈中略〉少なくとも御しやすいのは間違いないわ。ともかく、背に腹は代えられない。

彼がスエレンの婚約者であろうと、良心の呵責《かしやく》はまったくなかった。アトランタのレットのもとへやってきた時点で、モラルはすっかり崩壊しているから、妹の許婚《いいなずけ》を略奪するぐらい、ささいなことにしか思えない。いまとなっては思い悩むほどもないことだ。

（第四部第三十五章より）

（マーガレット・ミッチェル『風と共に去りぬ　第3巻』鴻巣友季子訳、新潮文庫、二〇一五年より）

【課題文B】ああ、どうしてわたしだけがこの愛情深い女性たちと同じになれないの？　これまでも、あんなに自分そっちのけで、なにかを、だれかを愛せたことなど一度もない。これって、なんて寂しい気持ちだろう——しかも寂しさというものを肌でも心でも感じたのは、このときが初めてだった。〈中略〉かくしてまわりでバザーが続行し、メラニーとならんでブースにやってくる客を待ちながら、スカーレットはいろいろなことをめまぐるしく考えて、自己正当化につとめていた——彼女の場合、この作業が難航したことはほとんどない。

ほかの女性たちは結局なにも考えずに、郷土愛だ大義だと言って騒いでいるだけなのではないか。男性たちも死活問題だ州権だと騒いでいて、同じく目もあてられない。でも、このわたしスカーレット・オハラ・ハミルトンだけは実際家のアイルランド人の良識をもっている。大義のことなんかで騙《だま》されやしないわ、とも思うけれど、一方、本心を白状して笑いものになるつもりもなかった。目の前の状況を現実的にとらえる実際家の頭があるから、だれにもこの本心は悟られまい。

（第二部第九章より）

（マーガレット・ミッチェル『風と共に去りぬ　第1巻』鴻巣友季子訳、新潮文庫、二〇一五年より）

参考文献リスト

第一章　モンゴメリ『赤毛のアン』

L. M. Montgomery *Anne of Green Gables*, New Canadian Library, 1992.

第二章　ルイス・キャロル『不思議の国のアリス』

Lewis Carroll *Alice's Adventures in Wonderland and Through the Looking Glass*, Penguin, 2001.

第三章　エミリー・ブロンテ『嵐が丘』

Emily Brontë *Wuthering Heights*, Bantam Classics ;（1st edition 1981）, Bantam Books, 1983.

第四章　エドガー・アラン・ポー『アッシャー家の崩壊』

Edgar Allan Poe *The Fall of the House of Usher and Other Writings : Poems, Tales, Essays, and Reviews*（Penguin Classics ; Reissue）, Penguin, 2003.

第五章　サリンジャー『ライ麦畑でつかまえて』
J. D. Salinger　*The Catcher in the Rye*, Little, Brown and Company, 1991.

第六章　ジョージ・バーナード・ショー『ピグマリオン』
George Bernard Shaw　*Pygmalion*（Penguin Classics）, Penguin, 2000.

第七章　ヴァージニア・ウルフ『灯台へ』
Virginia Woolf　*To the Lighthouse*, Penguin, 2000.

第八章　ジェイン・オースティン『高慢と偏見』
Jane Austen　*Pride and Prejudice*, Penguin, 2005.

第九章　グレアム・グリーン『情事の終り』
Graham Greene　*The End of the Affair*（Vintage Classics）, Vintage, 2004.

第十章　マーガレット・ミッチェル『風と共に去りぬ』
Margaret Mitchell *Gone with the Wind* (Reissue edition), Scribner, 2011.

（ちくまプリマー新書編集部編）

ちくまプリマー新書

181 翻訳教室
――はじめの一歩
鴻巣友季子
「嵐が丘」の古典新訳で知られる著者が翻訳の極意を伝授。原文に何を読み、それをどう表現するか。NHK「課外授業 ようこそ先輩」の授業を題材にした感動の翻訳論。

053 物語の役割
小川洋子
私たちは日々受け入れられない現実を、自分の心の形に合うように転換している。誰もが作り出し、必要としている物語を、言葉で表現していくことの喜びを伝える。

062 未来形の読書術
石原千秋
私たちは、なぜ本を読むのだろう。「読めばわかる」というレベルを超えて、世界の果てまで「自分」を追いかけていく、めまいがしそうな試みこそ、読書の楽しみだ。

216 古典を読んでみましょう
橋本治
古典は、とっつきづらくて分かりにくいものと思われがちだ。でも、どれもがふんぞり返って立派なものでもない。さまざまな作品をとり上げ、その魅力に迫る。

243 完全独学！ 無敵の英語勉強法
横山雅彦
受験英語ほど使える英語はない！「ロジカル・リーディング」を修得すれば、どんな英文も読めて、ネイティブとも渡り合えるようになる。独学英語勉強法の決定版。

ちくまプリマー新書

051
これが正しい！　英語学習法
斎藤兆史《よしふみ》
英語の達人になるには、文法や読解など、基本の学習が欠かせない。「通じるだけ」を超えて、英語の楽しみを知りたい人たちへ、確かな力が身につく学習法を伝授。

144
英文法練習帳
晴山陽一
複雑微妙でモヤモヤの多い英文法。でも「3の法則」を身につければスッキリ覚えられる！　練習問題を気楽に解きながら、英文法の森に足取り軽く分け入っていこう。

194
ネイティブに伝わる「シンプル英作文」
デイビッド・セイン
森田修
学校で習った英作文を、ネイティブとコミュニケーションする時どう活かすか。文法、語法の勘所を押さえつつ、相手に伝えるための「シンプル英作文」のコツを伝授！

097
英語は多読が一番！
クリストファー・ベルトン
渡辺順子訳
英語を楽しく学ぶには、物語の本をたくさん読むのが一番です。単語の意味を推測する方法から、レベル別本の選び方まで、いますぐ実践できる、最良の英語習得法。

259
楽しく習得！　英語多読法
クリストファー・ベルトン
渡辺順子訳
英語学習は楽しく多読が一番！　本の選び方や読み方の基本から英語の文化、ジャンル別小説の読み方とおすすめ本までを知って、英語力を身につけよう！

ちくまプリマー新書301

翻訳《ほんやく》ってなんだろう？　あの名作《めいさく》を訳《やく》してみる

二〇一八年六月十日　初版第一刷発行
二〇二三年九月五日　初版第二刷発行

著者　鴻巣友季子（こうのす・ゆきこ）

装幀　クラフト・エヴィング商會
発行者　喜入冬子
発行所　株式会社筑摩書房
東京都台東区蔵前二-五-三　〒一一一-八七五五
電話番号　〇三-五六八七-二六〇一（代表）

印刷・製本　株式会社精興社

ISBN978-4-480-68323-6 C0280　Printed in Japan